跨越越

商学边界

新商科手册

魏　江◎著

CROSSING THE BOUNDARIES
OF BUSINESS

NEW BUSINESS HANDBOOK

ZHEJIANG UNIVERSITY PRESS
浙江大学出版社
·杭州·

图书在版编目（CIP）数据

跨越商学边界 ： 新商科手册 / 魏江著 . -- 杭州 ：
浙江大学出版社，2024. 12. -- ISBN 978-7-308-25966-8

Ⅰ . F2-4

中国国家版本馆 CIP 数据核字第 20252HL500 号

跨越商学边界：新商科手册

魏 江 著

策划编辑	张　琛　吴伟伟
责任编辑	曲　静
责任校对	朱梦琳
封面设计	雷建军
出版发行	浙江大学出版社
	（杭州市天目山路148号　邮政编码310007）
	（网址：http://www.zjupress.com）
排　　版	浙江大千时代文化传媒有限公司
印　　刷	浙江新华印刷技术有限公司
开　　本	710mm × 1000mm　1/16
印　　张	12.75
字　　数	152千
版 印 次	2024年12月第1版　2024年12月第1次印刷
书　　号	ISBN 978-7-308-25966-8
定　　价	78.00元

浙江大学出版社市场运营中心联系方式：（0571）88925591；http://zjdxcbs.tmall.com

推荐语 　R E C O M M E N D A T I O N

　　魏江是个勤于学习，善于思考，敢于创新的人。他作为老师，课上得好，非常受学生欢迎，曾经两次获得国家级教学成果一等奖；他作为教授，研究做得好，在创新创业领域很有建树；他作为院长，在商学院的管理上做出了许多创新的引领性改革，取得了非常显著的成绩，受到同行的高度认可。十分不容易！本书是魏江集 20 多年经验、体会、教训的非常难得的书，凝结了他对商学院的发展战略和实践心血。作为他的朋友和同行，在感到欣喜的同时，还要呼吁大家都来读一下，对于任何一位商科教育工作者、研究者、管理者，读后必有收获！让我们大家一起来实践！让我们大家共同创造一个美好的新商科！

——王方华，上海交通大学安泰管理学院原院长

　　魏江教授任浙江大学管理学院院长期间，直面商学教育的各种挑战，勇于思考，敢于实践。这本《跨越商学边界》记录了他对商学院战

略定位、教学模式、研究范式、治理体系等的深入洞察，以及对"商学＋教育生态系统"的改革探索。他的企业创新的专业背景，为他推动商学院的改革创新注入活力，也给商学院管理者和教育者带来新的启发。

——钱颖一，清华大学文科资深教授、经济管理学院教授、

院长（2006—2018）

AI 正在极度压缩专业商科教育的生存空间，商科"不上不下"的困境更显严峻，雪上加霜的是高校治理还使跨学科成为"伪命题"，因此商科教育急需颠覆性重塑！背离不确定、复杂、模糊、多变、互联、数智化"动态"商业情境的任何"静态"观和努力都注定被时代淘汰。魏江教授直面商科现实，打破边界，更开放、多元地提升其多维"立体"发展的图景，立足"商学＋"的教育生态系统观，从战略布局、组织文化创新、学科治理优化、跨学科平台搭建等维度，为商学革新提供了宝贵的实践指导，对升级传统专业商科教育做了大胆尝试。本书真切地反映了一名行进在商科教育创新和变革一线的领导者的心路历程！

——席酉民，西交利物浦大学执行校长、利物浦大学副校长

面对新时代发展需求下商学院的窘境，需要有胆识、有智谋的学者提出具有独到见解的变革思路。魏江教授结合自己长期以来在教学、科研、管理岗位的丰富实践经验以及深层理论思考，提出"商学＋"教育生态系统的新商科建设模式和实践路径。尽管商学院的类型不同，资源约束不同，发展模式不同，但重塑与新时代高质量发展相适应的商学教育范式是大势所趋，跨越商学院的组织、学科和专业边界是改革创新的

必然选择。对有志于探索商学变革之路的有识之士，本书具有启迪作用。

——蔡莉，吉林大学原常务副书记

随着世界百年未有之大变局的加速演进和新一轮科技革命、产业变革的深入发展，我国商学院发展和学科建设面临着严峻的挑战和困境，大家都在积极探索新的发展模式和研究范式。本书是作者在浙江大学商学院构建"商学+"教育生态系统的实践过程中形成的探索成果，既为我们提供了作者对商学教育深入思考的深刻洞见，又为我们介绍了改革创新的实践路径。本书带给我们关于商学教育的思考和启示无疑是深刻的，也给我们提供了十分重要的借鉴意义。

——蒋传海，华东理工大学党委书记

魏江校长曾是中国商学界著名的战略创业型院长，他在浙大管理学院的改革探索，从新时代商学院的社会使命出发，真正做到了两个结合，一是与中国商业实践相结合，特别是与数字经济相结合，二是与中国优秀文化相结合，成为建设"中国气派"商学院的标杆和典范。更难得的是，魏江校长并非坐而论道，而是身体力行，从愿景重塑、战略变革，再到组织再造、治理重构，为我们提供了一张完整的战略变革地图，为数字经济时代的世界商科教育改革提供了浙大模式。每一位关心商科教育未来变革的人士都值得一读此书。

——叶康涛，中国人民大学原副校长，北京国家会计学院副校长

（主持行政工作）

商学院离市场近，在数智技术、经济发展、社会变革大潮中得到快速发展，也遇到大量发展中的问题，魏江教授直面问题，率先推动和实施商学院的变革。本书系统阐述了商学院变革的时代机遇和理论依据，本书的章节设计和所提的一系列问题本身就是有效的战略分析框架，有助于启发思考，探索适合自身的特色发展之路，共同推进管理学科的发展。学科发展、人才培养需要教育家，教学也是学术。改革要有方向更要有依据，有科学依据。为什么要提出"商学 +"教育生态系统？因为数智化、平台生态化；为什么要搞"三好"老师评选？因为要改变评价体系，培养健康力量。大量自问自答式的内容让本书精彩，使读者受益。

——张玉利，南开大学商学院原院长，南开大学创新创业学院院长

魏江教授的新作《跨越商学边界——新商科手册》创新性提出"'商学 +'教育生态系统"的新商科建设模式，从实践需求、学科标准、教育导向、师资结构、商科特色等诸多方面提出并重塑了商学教育，从环境、战略、模式、范式和治理体系等多维度深刻诠释了新商科办学模式、管理举措与发展路径，创造了我国商学院多学科深度交叉和一流企业合作共赢的开放平台和生态系统。本书战略导向深入浅出、贴近实践，我特别推荐这本新商科手册，为面向中国式现代化的商科发展提供了新的指引和示范。

——王重鸣，浙江大学文科资深教授、浙江省特级专家

从哪里来，到哪里去？这是我们每一所商学院都需要扪心自问的一个问题。改革开放之初，中国许多管理学院纷纷恢复建院，希望为国家

的经济社会建设贡献自己的一份力量。由于白手起家，我们采取的是"拿来主义"，把西方先进的办学经验搬到中国。我们学习得很快，发展得很迅速。但榜样也有"苦衷"啊！而这就是大家的机会。在全球商学院百舸争流的当下，中国商学院应该有独立的思考。未来我们将走向何方？值得欣慰的是，国内许多兄弟商学院已经在做这方面的努力，也有了一些初步的成绩。本书梳理总结了魏江教授对商学院发展战略和实践的思索和探索，非常值得我们大家学习。衷心希望国内同行都能"八仙过海，各显神通"，有个性，有气质，共同为全球商学院发展的"中国方案"贡献力量。

——陈方若，上海交通大学安泰经管学院院长

魏江教授创造性地以博雅教育定位商学教育，以"商学 +"多学科知识为支撑，对中国情境下的商学教育改革发展进行了深入的思考，并加以实践。本书是其商学教育思想的荟聚，它突破了西方商学教育工具理性范式，探索了中国特色的天下胸怀、价值理性的新型教育体系。这既反映了魏江教授为代表的新一代管理学者进行商业教育改革以培养卓越商学人才的勇气，更体现中国能培养更优秀商学人才的自信！

——陈劲，清华大学经济管理学院苹果公司讲席教授，

第四、五届中国工程院教育委员会委员

《跨越商学边界》的出版恰逢其时，其中"商学 +"教育生态系统的创新与实践，为中国商科高质量发展找到了一条可行之路，必将对国内外商科发展和商学教育产生重要影响。书中既有具有战略高度的真知

灼见，也有如何落地的有效实践探寻，并遵循了"环境—战略—教学—科研—治理"的逻辑主线，值得关心商科发展和商学教育的人士阅读借鉴。

——王永贵，浙江工商大学校长

魏江教授很好地整合了自己的理论涵养、实践智慧与洞察思考写成这本书，为中国商学院迎接新一轮全球教育革命，服务中国式现代化，总结提供了"浙大方案"和案例经验。本书展现的"商学+"教育生态系统新模式，直面现实挑战，跨越商科边界，其革新勇气与探索成就诠释了一位教育管理者的企业家精神，也为"知行合一"提供了实践范本。

——白长虹，南开大学商学院院长

1978年改革开放后，我国管理学科恢复重建。40多年来我国管理教育走出了一条中国特色实践（理工管结合）与国际教育经验相融合的发展道路。今天数字经济社会的到来，管理学科何去何从？这是一个具有现实意义的研究命题。魏江教授的这本著作，既提出了他对商学教育创新发展的洞见，也是其团队对管理教育的系统思考和总结。浙江大学的"'商学+'教育生态系统"的新商科建设模式，体现了对我国40多年管理教育体系的传承创新，值得我国各高校管理者和教师研读、学习！

——冯耕中，西安交通大学管理学院院长

魏江校长的新书，可以说是他对商科教育所面临的危机和挑战、新商科变革思路和举措的思考与行动的集成。我与魏校长在很多场合有过很多交流与讨论，也聆听过魏校长对商科教育改革的一系列创新举措。应该说，忧国忧民的情怀、国家战略的高度、国际化的视野和创业者的精神，共同成就了他和团队构建的独树一帜的"商学+"教育生态系统。浙大管院"平台化+项目制"的组织体系，BEST 的发展战略等一系列标志性的创新改革，为全国商科教育和商学院的发展树立了新标杆，为探索新商科的发展模式提供了新方法、新参考。本书很系统地收集、总结、提炼了魏江校长对新商科教育的一系列思考、改革举措和实施办法，不仅仅是一次思想上的碰撞与洗礼，更为商学教育、管理教育的改革者提供了可供借鉴的参考手册。非常希望读者在研读本书后，能够进一步创新我国商科教育发展的新路径，为培养我国的新商科人才、服务国家的重大需求做出更大的贡献！

——杨治，华中科技大学管理学院院长

序 言 PREFACE

据《史记·殷本纪》记载，"商"这个字源于商族，契传说是商的始祖，又名阏伯。阏伯的六世孙王亥发明了牛车，用牛驾车进行长途贸易，开始了我国历史上最早的商业贸易。后来人们把从事物品交换的活动称为商业，从事商业活动的人称为商人。现在的商丘传说是商业的发源地，后人称商丘为"华商之都"。

由此说来，"商学"作为一门关于商业活动的学问，至今至少有3700年历史。那么，为什么有如此悠久历史的"商学"在中国始终是"末学"，"商人"始终是低等地位呢？我认为这应该与中国没有经历资本的洗礼有关，与华夏文明源于农耕文明有关，与中华文化长期唯儒独尊的传统有关。直到20世纪80年代，中国提出发展"商品经济"，才确立了商学在宏大学科版图中的一隅之地。此后，得益于中国从计划经济到商品经济再到市场经济的演变，90年代开始，"商学院""管理学院""工商管理学院"在各高校纷纷设立。自此，管理学或者商学迎来了几千年来最好的时代。

改革开放以来，商学院发展因需而起，因势而兴。此后40多年，中国商学经过从西方模式的拥趸者到本土理论的开创者的转型，该转型历程离不开商学前辈们的筚路蓝缕、呕心沥血。虽然今日之中国商学发展取得了令人瞩目的成就，但长期形成的"商学乃学科之末"的偏见，使其一直不为传统学科所接纳，最近几年工商管理学科再陷窘境，即是明证。

直面商学发展的起起伏伏，如何走出一条与中国国情相适应的商科发展新路，如何建立一所不被偏见羁绊的商学院，是商学工作者不可回避的现实问题。20世纪八九十年代，经济管理学科突然迸发，我是在那个时候攻读管理工程硕士学位的，此后就喜欢上了这个学科。回望当初选择商学研究作为职业，我也是懵懵懂懂的。慢慢地，我发现了商学有其精妙的规律，例如，管理心理、组织行为、客户关系、战略决策、生产组织等，既存在普适的规律，也有个性化的艺术，让我认识到普遍与特殊、效率与效益、科学与艺术之间的张力，而这正是商学的奥妙之处。

随着学历和阅历的增长，我真真切切地意识到，商科总是存在似是而非的困境和挑战。

——为什么那么多企业家和管理者并没有受过商学教育，却照样能成为优秀的领导者？

——为什么商学院的研究者发表了那么多论文和著作，但没有能力解决现实问题？

——为什么以复杂的现实问题为研究对象的管理学科，把问题解构得如此支离破碎？

——为什么经常以管理专家顾问身份指导他人的学者，解决不了学院内部的具体问题？

——为什么商学院教师每天在教导学生如何组织变革，而自己却守着僵化的组织不变？

诸如此类的问题很多，于是，我就想，为什么不能试试：去撤除商学院的学科边界，让管理实践者成为我们的教授，让研究者"把论文写在祖国的大地上"，把学院建设成平台生态组织，把管理学科与工科、理科融合起来……本书梳理了我提出"商学＋"教育生态系统后的一些思考，去诠释管理学一级学科融合发展的路子，去探索"平台＋项目"的教学组织体系，去尝试布局"把专业建在学校平台上"的办学模式，去尝试构建"与一流企业同行"的发展共同体……

纵观商学院的发展历程，我相信中国商学院是可以走出新路的！"商学＋"教育生态系统建设是有生命力的！建设"大学中的商学院"是大有可为的！商学院必须深度嵌入整个社会系统，进而为学校赋能、为其他学科赋能、为全校学生赋能、为企业实践赋能、为各类社会组织赋能。我相信，跳出学院和学科边界去实现商学院组织体系、学科体系、人才培养体系、社会服务体系的系统集成式变革是具有前瞻性的，也是未来的走向。

本书是我在国际国内各类场合所作报告、接受媒体采访和工作报告的基础上整理而成，按照"环境—战略—教育—科研—治理"的逻辑布局。具体而言，本书分为"商学院环境再认识""商学院战略再定位""商学教育模式再塑造""商学研究范式再变革"和"商学院治理体系再建构"五章。这样的编排符合管理常规的逻辑思维，容易为读者所接受。写作的时候，考虑到大家喜欢短文章，所以，每篇文章控制在4 000字左右。

文风上关注可读性，尽量写短句，尽量写做法，尽量与同行对话，以取得共鸣。

本书内容虽然是对我实践工作和思考成果的梳理，但也蕴含了很多同仁的观点和启发，包括我曾担任过行政工作的学院同事和部门领导，他们一直帮助和支持我，在日常沟通交流中启示我。还有，那么多企业家同学、院长学者与我分享他们的思考，使我深感实践智慧对理论研究无与伦比的启发，其中有与我六年亲密搭档、给予我全力支持的阿原书记、小云院长等。

是否要整理出版这本书，其实我是很纠结的！早在 2021 年就有同仁建议梳理一下对商学院建设的思考，我总觉得不合适，因为我不希望做"教导者"。后来期刊 MOR（*Management & Organization Review*）向我约稿，要我著文分享"商学＋教育生态系统"的做法，卡尔·费（Carl Fey）、志学两位教授也告诉我，"应该作为案例总结一下，告诉国际同行中国商学院的发展模式"，我才下定决心做这件事情。

这本书的写作整理断断续续花了两年多时间，仍感肤浅，那就权当供大家批判的靶子吧。我不希望大家把这本书看作经验总结，而希望将其当作一本可资借鉴的工作小手册。

期待同仁们包容和批评！

2024 年盛夏，于浙江大学启真湖畔

目 录   C O N T E N T S

第四章　商学研究范式再变革

第五章　商学院治理体系再建构

附　录

第一章

Chapter 1

商学院环境再认识

01 | 中国商学院发展要破五个困境 [1]

【引题】中国商学院面临一级学科撕裂、师资队伍错配、学科评价冲突、人才培养忽视等问题，这些问题根子在哪里？在对学科性质的认识偏误、学科价值的定位偏误、学科边界的封闭固化，以及由此形成的利益结构难以破解。商学院应该可以找到新出路，我认为走新路非不能也，实不为也！本书提出中国商学院发展五大困境、五大行动，希望能为愿意改变者提供一些拙见。

公众对中国商学院的发展，肯定不断，批评也从未停止。我不想去评论这些批评是对还是错，因为对错之辨源于不同主体、不同认知、不同利益的差异。若认知不变，即使发现了问题，也并不一定会去改变的，背后的利益格局太深了。可以肯定的是，无论是国际还是国内，既得利益集团把控商学院的发展格局，再加上长期形成的路径锁定，短期内没有办法改变商学院的游戏规则。对于中国商学院来说，长期简单粗暴地

1　本文与窦军生、童年合作完成，开始用于《"商学+"教育生态系统》一书，后在多个场合作过报告，在浙江大学管理学院 40 周年院庆上正式发布。

模仿北美商学院的游戏规则，再加上对北美商学院办学模式的长期膜拜，要改变也十分不易。我之前写过几篇文章，讨论商学院面临的质疑和挑战。结合最近的工作体会，通过梳理商学院发展面临的五大困境，呼吁大家共同行动，携手推动变革。

1 中国商学院面临五大困境

困境一：学科标准是否错位？是否把理论学科标准错用到了应用学科？

20 世纪 50 年代，商学院为了给自己的科学性正名，越来越重视学术研究，但教学水平反而被忽视了。国内商学院简单地学习北美模式，结果出现了越来越多跟随北美范式的论文写作高手，但缺乏科教融合的教学高手，于是，国内商学院不得不聘用外教来上课。有意思的是，"玩文章"的学术地位越来越高，但越来越上不了 MBA 讲台；上 MBA 讲台的学术地位越来越低，但越来越玩不了数据驱动的"严谨"研究。那么，究竟商学院的学科标准是什么？是不是正如 Thomas 等（2011）所说的，越来越多商学院被大学体制裹挟着前进，至今仍错误地拿理论学科标准来考量应用学科的产出和贡献。

困境二：学术导向真的既能顶天又能立地吗？

我相信小部分学者是能做既顶天又立地研究的，但现实情况是，商学研究命题的边界条件越来越多，研究问题越来越狭窄，对所谓的"严谨理论贡献"简直到了膜拜或狂热的地步[1]，而研究成果的外部效度却越来越弱，"顶天"日渐变得遥不可及。管理学是社会科学，是偏应用的基础研究，不是自然科学。一个模型中出现 15 个或 20 个以上的控制变量，控制条件越来越严格，怎么可能"立地"呢？所谓的学术研究更像学者们躲在象牙塔里"闭门造车"，必然既不着天又不着地。

困境三：师资结构是否错配？教师队伍会越来越撕裂吗？

国内出现这样一些有趣的现象：有的学科老师擅长做模型、发 UTD[2] 文章，按现行体制，容易成为"一流学者"，可以戴帽子、拿高薪；有的学科由于语言文字要求较高，老师很难发在北美语境下的 UTD 文章，即使有的老师解决了重要的实践问题，也只能做"二、三等学者"。那些承担了大量 MBA 课程的老师，帮学院赚经费，学院再把经费投给那些发 UTD 文章的人才，导致不同学科的撕裂和师资队伍的矛盾。有的商学院参照理科、文科模式组建了"高等研究院"，把人才圈养起来写文章，更加剧了冲突。

困境四：商学教育究竟是满足需求还是引导未来？

长期以来，我国的商学教育是成功的。例如，自商学院办学以来，高校培养了一大批商业实践精英，得到了市场的充分肯定。但是，在迎合市场需求的同时，出现了一批"俱乐部型"商学院，引起社会日渐高涨的批判，商学院是不是成功人士的俱乐部？商学院学生是否日渐功利

1　Hambrick, D. C. (2007). The field of management's devotion to theory: Too much of a good thing? *Academy of Management Journal*, 50(6), 1346-1352.

2　UTD，美国德克萨斯大学达拉斯分校的 Naveen Jindal 管理学院创建的数据库，用以追踪 24 种主要商业期刊上发表的论文。

且缺乏社会责任感[1]？甚至认为商学院学生是一群拥有"偏颇的大脑、冰冷的心、沉沦的灵魂"的生物[2]。按照这样的评价，是不是说明商学教育过度迎合了功利社会的要求，却遗忘了以智慧之光照引社会进步之价值？

困境五：商学院会不会越来越"伪北美化"、同质化？

过去 40 多年，国内商学院几乎一边倒地学习北美，直到今天，商学院教师招聘条件和考核标准仍"唯北美是从"。例如，引进新人时，北美高校毕业的优先录用；考核评价时，能发 UTD 的就是优秀；参与学术交流时，能与北美交流的就是有水平。由于大家都简单地模仿北美标准（我称之为"伪北美化"，事实上，北美并不如此看重 UTD，晋升也不仅仅看论文，他们是尊重多样性并非常重视教学的），结果，我们的商学院越来越像一个模子刻出来的。再加上各种评估的统一指标、模式化的评价标准，商学院的多样化创新越来越难，同质化趋势越来越突出！

2 商学院的行动趋势

为应对以上挑战，全球知名商学院都在积极探索新的发展模式和研究范式。发展模式和研究范式背后的共同点应是"向教书育人的核心使

1　Thomas, H., & Wilson, A. D. (2011). "Physics envy", cognitive legitimacy or practical relevance: Dilemmas in the evolution of management research in the UK. *British Journal of Management*, 22(3), 443-456.

2　Leavitt, H. J. (1989). Educating our MBAs: On teaching what we haven't taught. *California Management Review*, 31(3), 38-50.

命回归"；商学研究需要将科学和实践相融合，提出既"有用"又"可用"的成果。要让商学院回归初心，改变学科标准、学术导向、教学模式、师资配置、创新治理等五大要素。

行动一：完善学科标准。强调理论学科与应用学科相融合，拓展学科边界。排名全球前 30 名的商学院中，有 26 家在其使命陈述中明确声明商学教育的社会责任，越来越看重正向影响力和对社会公众负责。例如，密歇根大学罗斯商学院提出"通过商业建设更美好的世界"，哈佛商学院、MIT 斯隆管理学院、伦敦政经学院等普遍致力于"关注和解决世界难题""影响人与社会""为社会创造价值"等，呼吁人文和艺术回归商学教育，培养一种可行的道德标准。例如，在五年期项目中，前三年学习文学和科学，后两年接受商科教育。2011 年，卡耐基基金会的 BELL（Business, Entrepreneurship, and Liberal Learning）项目强调通过商学和人文教育融合，实现"职业发展、社会贡献和个人成就"。

行动二：修正学术导向。实践需求是客观的，学术评价是主观的，学术导向应强调外部效度和现实洞察，求索真正的"顶天立地"。商学院应该摒弃模仿自然学科的发展模式，将解决问题作为学术研究的第一目标，将纯理论研究作为第二目标，兼顾教职人员、大学和商学院利益相关者的不同需求。这方面，医学或法学是很好的榜样[1]。发表医学学术论文的目的是医好病人，让人健康生活；法学院认同的是，出版一本高质量的书，在严肃的实践导向型评论刊物上发表高水准的文章和在顶

1　Bennis, W., & O'Toole, J. (2005). Why business schools have lost their way. Centre for Effective Organizations-Marshall School of Business University of Southern California–Los Angeles, CA 90089-0806.

尖学术期刊上发表文章，同样有价值。正如 Ghoshal 所指出的，"我们要做的不是取消现有研究方法的正当性，而是要让多元论重获正当性意义"[1]。

行动三：重构师资队伍。 研究"科学的商学师资结构究竟是什么""商学院的师资究竟如何评价"这两个关键问题，对比医学院中的医生与学者结构比例，或者法学院中的律师与学者结构比例，或许能给商学院带来启示。长期来看，商学院需要养活的教职人员应该越来越少，毕竟能够创造真正有价值理论的学者是少数，既会写论文又能上好课的老师也不多。所以，商学院应大量聘用实践教授，教师考核的重心应由论文转向创造创新、教学能力和新课程开发。商学院应联合学者、企业、学生等研究制定一套测评体系，多维度考查商学科研成果的理论价值和实践价值[2]。

行动四：重塑教学模式。 纸上谈兵培养不出临床医生，不去打仗培养不出将军，不打官司培养不出律师。商学教学要重塑教学模式——让学生回到实践中去，成为学习主体，学校通过提供虚拟与现实相结合的课程，让学生成为终身学习的生命体。未来的教学模式不是简单放弃传统模式的优势，而是营造信息连接、互动共享、人际交互的学习场景，建立长时间跨度、大空间跨度的学习模式。课堂模式也需要改革，应强调综合性案例而非细分的聚焦型案例，更加强调对综合性思维的锤炼而

1　Ghoshal, S. (2005). Bad management theories are destroying good management practices. *Academy of Management Learning & Education*, 4(1), 75-91.

2　圣地亚哥·伊尼格斯·德翁左诺. 商学院引领高等教育变革 [M]. 北京：中国人民大学出版社，2014.

非破碎性细节的训练，管理实践需要综合性人才。

　　行动五：创新赋能治理。完善治理结构和开放办学，打破创新僵局。商学教育场景日益复杂，需要面对与日俱增的不确定性，因此，应吸收政府、媒体、大众等外部要素参与监管，不断增加管理实践者参与治理的分量，为商学院提供批判性治理思维。学院反过来也需要参与企业运作，商学知识与实践应用短链条的"知行合一"是商学人才培养的最佳路径。浙江大学管理学院设立创新创业平台和创业基金，就是让学生边学习边创业，通过制度设计来募集资金、拓展捐赠资源，提高学院创收能力。康奈尔大学约翰逊商学院通过建立 Cayuga MBA 基金有限责任公司，搭建高水平实训平台，实现企业的生产项目、工作流程、质量标准、训练方法等与商学院教学的有机结合。

02 | 中国商学教育的知识供给窘境 [1]

【引题】正是商学学科性质"不上不下"的特点，即科学性质疑（"不上"）和工具性缺失（"不下"），导致商学教育面临"上不去、下不来"的尴尬局面。"上不去"是指商学研究的科学性提不上去，"下不来"是指商学教育的实践性落不下来。带来的后果是，商学教育长期面临"不够硬、不够深、不够实"的问题，商学教育变革亟须推行。

改革开放以来，企业对高校管理人才的需求呈现动态演变趋势。从20世纪80年代到21世纪初，我国的企业管理人才奇缺，高校则相对集中了一批管理科研人才和教育教学队伍，政府号召高校科研和人才培养要面向经济主战场，于是，商学院老师们纷纷为企业提供管理咨询、知识启蒙、培训讲课、专家顾问等各种形式的服务。那个时候培养的管理专业的学生也很受欢迎，企业对高校输送的管理专业的学生要求也没有那么高。

---

[1] 本文是我在多个场合报告的梳理合成，主要内容源自2018年在上海交通大学安泰管理学院的院长论坛期间，界面新闻记者对我的采访。

到了 21 世纪，我国企业的管理水平不断提升，出现了一批具有全球影响力的优秀企业。它们不但在管理实践上具有全球影响力，在管理理论探索上也不亚于高校学者。例如，海尔的"人单合一"理论、华为的 IPD 理论[1]、阿里的数字生态系统理论，都对国际国内商学院产生了巨大冲击。这些企业所要求的管理人才，不再是仅仅接受过西方管理理论教育，然后削足适履地用于中国企业实践，而是能立足中国管理实践、能成为引领中国企业发展的创新者和领导者。当我们冷静地观察，不得不承认高校管理人才培养正经历全新挑战。

那么，在新时代，中国商学院该如何去培养社会所需要的人才？如果商学院人才培养"上不去、下不来"，商学院存在的意义和价值何在？

我不是哲学家，也不喜欢故弄玄虚地摆谱某某主义、某某学派，但我相信，管理学是一门研究"有用性"的学问。德鲁克也曾说管理学是一门"博雅技艺"。早在 1967 年，赫尔伯特·西蒙就提出，商学院是为经理人提供一种既以科学为基础，又为应用做准备的教育。商学教育应该是科学性与工具性的结合，要具有科学性，就要有"硬核"的学科知识，这样才能"上得去"；要具有工具性，就要有快速应对问题的具体方法，这样才能"下得来"。

那么，谁来提供商学的"硬核"知识？谁来提供快速变化的实践需求知识？以前，我们想当然以为是"大学教授"，现在发现不完全是那么回事。例如，当需要给学生讲数字管理、区块链、智能财务等"硬核"

1　华为的 IPD（集成产品开发）理论是一种系统化的产品开发管理方法，旨在通过跨部门团队合作、流程化运行和结构化管理，提高产品研发效率和质量。

课程时，我们发现有些商学院老师束手无策，因为他们的"硬核"知识储备不足。再如，当面对大数据处理、人机智能等操作性知识时，商学院老师比不过做数据和计算的工程师，这都属于商学知识的供给危机。

当技术和管理发展非常快的时候，理论跟不上实践是非常正常的，此时出现商学理论知识供给不足也不能一概指责。商学理论本身是实践科学的产物，当新的理论还没有演化成熟，旧的理论解释不了实践时，就会出现理论知识短缺。例如，我们传统的管理理论是建立在物理世界人类劳动的基础上，现在出现了建立在虚拟世界中的人工智能场景，显然，那些写在教材里的管理理论就失效了。首先，管理者和被管理者从原来"工具"的人，演化为自由的人、人机共智的人；其次，组织关系与结构变化了，从金字塔结构变为网络化、平台化、生态化结构；最后，交易关系变化了，过去交易关系就是价值链、供应链，而今天由于信息化、大数据的发展，各个边界被打通，交易成本越来越低。

解决知识供给缺口，有且唯一有效的办法就是快速学习。商学院各门学科都需要快速迭代。我从事战略管理、创新管理等课程的教学工作，对数字时代"战略管理"的知识供给危机是有真切感知的。大家应该听说过"战略管理理论丛林"这种说法，明茨伯格把21世纪之前的战略管理理论分为十个流派，其中影响力较大的是计划学派、定位学派和设计学派。这三大学派都是建立在60年前的产业组织经济学基础上，而当今数字时代的产业组织与当时产业组织形态相比，已经千差万别。但是我们今天去看大学课堂上讲授的"战略管理"，发现还是60年前的战略管理知识体系。当老师们抱着相对静态时代的战略知识，去给学生们讲 PEST 模型[1]、SWOT 模型[2]、五力模型、价值链模型、三种最一般竞争战略等理论，学生怎么可能对今天平台组织、生态组织、数字组织下的战略管理有正确的认识呢！

其实，不仅仅战略管理理论供给不足，今天商学教师在课堂上讲授的内容，相当多还在套用"故纸堆"模型纸上谈兵。如人力资源管理专家给企业提供人力资源管理的指导，但现实中的自己却没有能力回答数字组织的团队结构是什么；领导力管理专家在课堂上可以讲三天三夜的领导艺术，但回到现实中却难以解释虚拟世界中为什么出现"网红领导者"；市场营销专家可以写一堆高水平论文，但回到现实中却发现，连自己的课程都没有办法营销出去。不仅如此，老师们最新研究出的理论无法有效实现教学转化，不少拿着国家高层次人才项目的教授，发表了大量"高水平"论文，但这些"枯燥"的论文成果上不了讲台，进不了教材，写不进教案，学生不但不愿意听，还把这样的教授轰下了讲台。

供给侧知识结构出了问题，难以有效引导需求者的知识认知，出现了供给者与需求者之间的非理性博弈行为。日常管理可以发现一些"有趣"的现象——学生最喜欢听老师讲故事，不喜欢听理论逻辑；学生失去对理论的敬畏，在知识面前自以为是；学生对老师讲课水平指指点点，但自己上讲台连 15 分钟的演讲也完不成。那么老师呢？他们越来越不敢给学生课程成绩打不合格，因为怕得罪学生，怕给自己引来麻烦；他

1　PEST 分析模型是指对宏观环境的分析，主要分析影响行业和企业的政治（political）、经济（economic）、社会（social）和技术（technological）这四大类主要外部环境因素。

2　SWOT 模型是一种战略分析工具，用于评估企业的内部优势（strengths）、劣势（weaknesses）、外部机会（opportunities）和威胁（threats）。

们上课时只顾讲自己备好的内容，下面的学生听与不听与己无关；老师们都在抱怨上课内容太水、专业分量太水、学生态度不端正，但要他们把课讲得"深下来、难起来、宽出来"，又找各种理由抵制。这些"有趣"现象的存在，已经不是知识供给侧或者需求侧单方面的问题，而是整个商学教育模式的问题。

那么，如何去重整商学教育模式？我认为关键是要把商学教学落到人身上。商学教育是人的教育，不能仅仅定位在知识教育上。商学教育的对象是人，解决的是人的问题。工程教育的对象是物，解决的是物的问题、人与物的关系问题。因此，商学教育要回归人的培养。按照这样的逻辑，浙江大学管理学院在 2018 年就提出了构建"商学+"教育生态系统的人才培养体系，按照"管理理论＋科技洞见＋人文精神"来全面改变商学教育模式。

"商学+"教育生态系统包括九个方面的内涵：①构建人才培养目标体系。培养"知识—能力—素质—人格"四位一体，能改变中国进而改变世界的人才。②按照一级学科范围设立本科专业，形成"宽口径、通识型"专业体系。③构建以管理科学为基础，以工程科学、实验科学、数据科学、人文科学等为互补的"商学＋科技＋人文……"课程体系。④构建第一课堂（教室课堂）、第二课堂（活动课堂）、第三课堂（实践课堂）、第四课堂（国际课堂）融合的多元化体系。⑤形成"项目围绕平台，平台赋能项目"的"平台化＋项目制"运行体系。⑥建立"科教融合团队＋项目团队＋课程团队"责任体系。⑦建设"开放型、平台化"教学组织体系。⑧打造"开放型、多样化"师资体系。⑨重构价值导向的教师绩效评价体系和学生评价体系。

上述系统围绕"商学+"教育生态系统，为学生全人培养提供帮助。关于整个系统方案的谋划，详见《"商学+"教育生态系统》[1]。书中聚焦课程体系来具体落实如何让商学教育既"上得去"，又"下得来"——既有高度，又能落地。

在商学课程内容上，已经到了该贡献中国企业管理理论和智慧的时候了。我们看到，现在中国商学课程所应用的模型基本上来自西方管理世界，这是由于西方管理实践总体仍走在前面，来自西方的管理理论仍是领先的。既然承认管理是科学，那么，管理理论是不应该过度强调国别差异的。但是，管理学也是应用性学科，具有社会性和文化性，不同的社会和文化特征，其管理智慧是有差异的。现在我国的企业管理实践越来越靠近国际前列，我们需要自己的管理理论，通过开发自己的教材和案例，建构自己的理论和工具。

我以战略管理课程为例，分析商学课程内容落后的问题。我在看各个高校战略管理课程内容时发现，"战略管理=PEST+SWOT+五力模型+……"仍是主要内容。其实，这些内容不用老师讲，学生只要用手机上网搜索一下就有了，这些内容学生完全可以自学掌握。实际上，在开放互联的数字时代，五力模型是难以分析平台企业、生态企业、网络企业的产业环境的；SWOT分析是静态的，而不是动态的，我们发现，消灭在位企业的，往往是不具备传统资源优势的"外来者"；我们用PEST也没有办法预测贸易纠纷中，我国国际贸易为什么能持续创历史新高。要回答这些问题，必须用生态组织理论、新型国际化理论、数

1　魏江，等."商学+"教育生态系统：商学教育"浙大方案"[M].杭州：浙江大学出版社，2020.

字经济理论等创新性知识，才能给学生讲清楚内在的逻辑。所以，我常常说，如果大学老师抱着一成不变的东西去讲课，商学院就会被时代所淘汰。

在商学教学组织上，要特别关注开放办学、研究导向教学。开放办学有利于解决自身师资队伍的知识结构局限，通过聘请跨学科教师来开设交叉课程，聘请实践界人士来开设应用导向课程，能较好地应对商学情境的变迁。研究导向教学是教师和学生一起通过研究来学习，发现新问题，诠释新问题，解决新问题。我们要加大力度整合内外部人才资源，通过"请进来、走出去、做平台"的办法来变革商学教学组织。

请进来：设立实践教授和兼任教授等岗位。可以邀请跨国公司、世界 500 强企业高管和社会知名人士等来商学院担任实践教授或者高级讲师，尤其邀请具有博士学位的高层管理人才来担任实践教授，能很好地把理论和实践结合起来对话。目前，全国著名商学院和管理学院 MBA/EMBA 的任课教师，超过 1/3 是外部机构专家，他们经过 1 ～ 2 年的磨合，完全有能力开设完整的课程。

走出去：制订行动学习计划，建立一批企业实践基地。商学专业的课堂是开放的，我主张"把专业建在实践上"，国际与国内、企业与社会、经济与非经济组织都可以纳入学生学习基地范畴，把课堂建到企业、产业中。例如，浙大管院与吉利集团互聘 5 ～ 6 位（兼职）教授，交互给对方上课，不但推动了"与一流企业同行"的计划，还可以把企业实习和实践纳入完整规范的培养方案中。

做平台：确立"学院就是平台"的理念，以数字思维把商学院 / 管理学院打造成平台组织。数字组织的发展，为学院组织变革推行"平台化＋项目制"的运行模式，提供了全新的视野。进一步地，各类部门也可以探索平台化发展理念。例如，专业学位教育中心等都可成为子平台，把各种联合研究中心作为科教融合平台，协同支撑各类人才培养项目的高质量发展。例如，从 2019 年开始，浙江大学管理学院设立了企业合作部，加强与企业的无缝对接，这种对接的目的不是产业化，而是总结提炼企业管理思想，上升到理论，形成创造性方法，给更多企业提供解决方案，促进教学内容、教学方法的与时俱进。

03 | 中国商学院办学模式需要变革 [1]

1 商学院办学模式会被颠覆吗？

进入 21 世纪，全球商学院都在深入思考"为谁培养人、培养什么样的人、如何培养人"这三个最基本的问题。以商学院的 MBA 教育项目为例，它 1908 年诞生于哈佛大学，快速发展于二战后。20 世纪六七十年代迎来 MBA 教育的春天，美国每年授予 MBA 学位数量达到授予全部硕士学位总数的 20% 以上。

MBA 教育发展的过程，也是被不断批判和修正的过程。如 2002 年斯坦福商学院的三位学者发表《商学院的终结：差强人意的成功》一文，2004 年明茨伯格出版专著来批评 MBA 教育"脱离管理现实"，2010 年三位哈佛商学院学者合著《重新思考 MBA：管理教育正处在一个十字路口》等，都在持续反省管理教育存在的问题，并不断推进教育范式的变革。

中国 MBA 教育经历 30 多年的发展，成绩斐然，为国家培养了一大批管理人才，至今兴盛不衰。但是，国内对 MBA 教育的批评也从未间断。例如，理论创新停滞不前，理论与实践渐行渐远，国际学位项目

---

1 本文是我 2021 年受邀在上海财经大学举办的全国 MBA 教学指导委员会年会和 MBA 三十周年论坛上作的报告，有删减和修改。

合作必须严控……如今，中国商学院发展模式面临的批判不绝于耳，办学模式正面临前所未有的挑战。

那么，商学院管理教育问题究竟出在哪里？我认为问题不是商学院不努力，也不是社会不需要管理人才，而是商学院还不够努力，商学教育模式跟不上时代的需要。回溯商学院 MBA 教育的发展，它起始于工业化时代，当经济发展到后工业化时代、知识经济时代、互联网时代，尽管商学院一直在变革，但由于人才培养有周期性，培养模式变革有滞后性，输出的"产品"一直跟不上现实需要。

这个问题到了数字经济时代就更加突出。数字经济打破了高校商学院的办学边界，高度的人才流动释放出一批高水平教师和管理专家到企业中发展，进一步缩小了教育与需求的互动距离、学校与企业的知识距离。于是，我们身边涌现出了像海尔大学、混沌大学、青腾学堂等一大批企业创办的商学院，涌现出了私董会、研习营、企业家俱乐部等深度研修型组织，也涌现出了一批海外引进的国际商学院，更不要说长江商学院、中欧国际工商学院等，正以另类优势强势崛起。

2 商学办学模式正走向新型态

尽管企业商学院、研习所、海外商学院还不是我国商学教育的主流，但它们正在向我们发起挑战！新事物的出现是个好现象，会激发我们反思。我在 2017 年与某企业商学院创办人的沟通中，提出这样两个问题：如果我们体制内商学院的 MBA/EMBA 项目没有学历学位，学生还会来报考和学习吗？为什么那些社会上的商学院没有提供学历学位，仍有那么多人趋之若鹜？

这两个问题引起我很多思考，并感到深深的担忧。我意识到，体制内商学院过去几十年的发展，是中国经济异军突起的直接受益者。今后相当长时间内，还可以依托过去的发展路径。同时，我们注意到，欧美商学院自 2010 年以来，本土 MBA 生源在持续下降，如果没有中国留学生的涌入，他们很多商学院早就破产了！我们需要时刻保持警醒。

于是，我在 2017 年提出了这样一个命题：体制内的商学教育机构是等待被颠覆还是先自我颠覆？如果不自我变革，我们永远只能是二流、三流的商学院。展望未来，可以预见商学院办学模式变革的四个趋势。

预见一，未来商学院是越来越开放型的。商学院的边界是开放的，是跨学科边界、跨区域边界、跨国家边界的。当今体制内的商学院在严控异地办学，要求 EMBA 入学考试，还要求严控师资编制、封闭教育资源，但是，未来商学院必将是分布式、交互式、无边界的。招生是开放的，培养过程是开放的，办学主体是开放的，师资选拔是开放的，"商学 +"将改变学院结构、学科结构和人才结构。

预见二，未来商学院是越来越网络型的。商学院的各种教学资源、资金等要素，将通过整合全社会的力量而集聚，将由社会捐赠者、企业等投入资金。由来自政府、高校、科研机构、企业和其他社会组织的引领性人物参与商学教学，"商学院＝管理学院＋社会学院＋人文学院＋工程学院＋……"，形成学科共融、共赢共生、协同发展的网络格局。

预见三，未来商学院是学生主导型的。今天的教学已不再是知识主导型的教学，而是智慧启发式的教学。数字经济时代，随着人工智能、机器深度学习的发展，学生获取信息、知识非常便捷。如果再像当下体制内商学教学那样，只讲基本概念、基本模型等这类在静态社会中形成的管理知识，商学院就越来越没有存在的必要了。因为连机器都会深度学习了，元宇宙都产生了，何况是人！因此，未来商学教育，必须以学生为主导，教师的价值将转化为组织者、协同者和网络的中心节点。

　　预见四，未来商学院教师是人机共生型的。商学教师职能将发生革命性变化，原来那种靠一本教案吃几年的"知识灌输型"教学模式将被彻底颠覆，越来越多的老师会失去工作。教师的职业会迎来革命性变革，包括教师的思维方式、认知理念、教学方式、课程体系、知识结构、培养流程、培养主体等会迎来一系列革命性变化。虽然这种变革会遇到传统商学办学模式的强力抵抗，但只有与时俱进的商学院，没有一成不变的商学院，体制内商学将会与我们渐行渐远。

3　探索商学院新的办学模式

　　2017 年 8 月，我大胆提出了"商学 +"办学模式，构建"商学 +"教育生态系统，主要做了四件事。

　　一是调整专业设置。从 2017 年底开始，学院下定决心按照"商学 +"来优化本科专业，把 8 个本科专业优化为"3+1"，即工商管理、信息管理与信息系统、会计 3 个主专业，加 1 个由会计专业衍生出来的"智能财务"交叉培养专业。由于教育部规定专业目录不能变，我们就变专业内容。基本思路就是根据大数据、人工智能、云计算等新一代信息技术的蓬勃发展，调整商学教育专业培养方案，实现商学与大数据、人工智能等的融合，创造商学的"深度学习"模式。所谓深度学习，就是本科生要在科教融合中，学会互联互通、开放整合、知识深层次挖掘，形成研究型学习模式，让学生成为学习主体，挖掘知识深度，启迪自身智慧。

二是改革教学内容，构建"管理基础＋科技洞见＋人文精神"的知识结构。通过"商学＋"模式改革课程体系，持续调整课程结构，全面重构商学＋哲学、商学＋人文、商学＋工程等课程。实现学科交叉培养体系，构建以工程科学、实验科学、数据科学、人文科学等为基础，以商学智慧为核心的人才培养体系。

三是改革教学组织结构，建立"平台＋项目"的教学组织模式。商学院的传统是把专业建在学系上，学系成为实质上的专业培养主体。这种结构绝对是弊大于利，因为学系是封闭系统，学系内部因人设课严重，学科知识固化，缺乏深度跨学系知识交互，专业组织丧失灵气。我们下决心打破专业的学系边界，回归到学院层面、学校层面甚至社会层面建设本科专业，形成"学院教学平台＋跨学系专业项目团队"的组织体系。

四是改革教学激励体系。学系办专业的"山寨模式"难以撼动，是因为背后的利益关系。2018 年浙江大学管理学院把 8 个本科专业优化为 3 个，前提是要考虑清楚老师们的利益问题，然后再想办法做新的教学项目组合。于是，我们下决心做了以下改革：让资深教授必须给本科生上课——这个比教育部下文要求提前了两年；缩小本科生、研究生与MBA 课程的教学津贴差距；各个学系开发 MBA 培养新轨道（track），让学生开放选择所喜欢的 track。这三招出台后，给每位老师提供了新的发展机会，也解决了利益机制问题。

此外，改变学院的行政支撑体系，学院推行平台化协同办公、开放式办学、多种资源集成的学术平台建设、跨学科团队建设等，把各门课程、各个教学模块按照管理实践进行集成，推进科教融合培养，让"商学＋"成为深度学习的新常态、新方式，让优秀企业家、有识之士、国际学者都加入学院教学平台，从而构建开放、创新的教育生态系统。

第二章

Chapter 2

商学院战略再定位

04 ｜ 商学院要有独特的气质[1]

1　历史逻辑与现实逻辑启示商学院要有气质

　　商学院的起源可以追溯至 19 世纪初的欧洲，随着第二次工业革命和城市化进程的加速推进，商业活动愈发频繁，商业管理和市场竞争日渐复杂，这导致对商业领域人才的迫切需求，商学院应运而生，商学成为一门显学。商学是一门经世济用的学问，它的发展是深度嵌入在商业社会环境中的，由此产生了商学理论、工具和方法。

　　早期的商学研究试图去建构超越特定应用场景的管理理论。例如，100 多年来管理学家对一般意义上的管理思想和理论进行了孜孜不倦的探索，提出了管理认知学、管理心理学、组织行为学等以个体人为对象的管理理论，并对此后的管理实践产生了深刻的影响。但是，无论这些理论多么具有普适性（generality）、精练性（simplicity），仍不可能完全脱离情境而放之四海皆准。因为，无论从历史逻辑去看商学或者管理学的产生和发展，还是从现实逻辑去看这些理论的应用和实践，都无法与其所处的社会经济形态隔离。例如，一个国家的经济社会发展模式必然根植于其历史传统、文化传承、社会结构和政治体系之中，必然具有

1　本文是我在 2018 年浙江大学管理学院推出"商学 +"教育生态系统时，在学院大会上所作报告的部分内容。

时代特征和文化特征，离开了历史逻辑和现实逻辑，管理学就是空中楼阁。

与此相对应的，研究商学和培养商业人才的机构，也必然需要有其个性和特质。商学或者管理学要回归实践，就必须融入社会经济、文化和制度环境中。于是，不同性质的商学院做了长期的实践和探索。例如，最近十年如雨后春笋般冒出来的企业商学院，坚持短期应用导向的人才培养，十分强调"学以致用"；例如，一大批行业型大学（如石油、化工、电子、财经等）中的商学院，坚持培养行业型管理人才，源源不断地输出具有行业特征的优秀管理人才；再如，一批综合型、研究型大学的商学院，以全人培养、素质培养为基础，聚焦更具通识性的创新人才和领导人才。

概括地说，从商学理论看，历史逻辑和现实逻辑都告诉我们，不存在"放之四海而皆准"的管理理论和方法。虽然过去几十年，西方管理学者在孜孜以求管理理论的"普适性"，试图以"最科学严谨"的方式和工具来建构普适性的理论，部分接受过西方教育的中国管理学者也在竭力维护西方理论的合理性，但他们也承认管理学科是应用性学科，全球商学院都面临这样的困境——不少会写漂亮论文的管理学者，从来没有去企业调研过，从来没有给企业家上过课，从来没有做过管理咨询，那这样的管理研究是不是进入了方向性错误的"内卷空间"。其实，这种理论研究范式已引起包括美国一流商学院和一流学者在内的深刻反省，我们应该有自己的管理理论和方法。

从商业实践看，历史逻辑和现实逻辑都告诉我们，不存在标准模式的商学院或者管理学院。过去中国商学院办学模式对标美国，专业设置对标美国，科研论文对标美国，考核评价对标美国，确实在管理学科的科学性上取得了突飞猛进的发展。但我们至今没有认识到，被模仿者早就在反省、探索了，而跟随者却缺失变革的勇气，继续抱着"似是而非"的模式在模仿。殊不知，我们的管理理论和商学教育正在与管理实践渐行渐远。

历史逻辑和现实逻辑告诉我们，中国商学院亟需培养自己的个性和气质！

2　商学院养成独特气质是要有勇气的！

气质不是与生俱来的，而是后天修炼的。气质有差异，但无关贵贱。从外部引入看，改革开放之前，我国商学院办学模式学习苏联，缺失中国气质；改革开放以后，我国商学院办学模式学习美国，继续缺失中国气质。从内部生态看，由于国内教育主管部门对办学模式的严格管理，各个商学院的气质差不多，难有个性。虽然 20 世纪 90 年代有过一个好时期，那时候我国做了不少关于教育体制的重大改革，例如，出现了长江商学院、中欧国际工商学院等一部分具备不同禀赋、回应不同社会需求的商学院，但这样的尝试非常有限。

美好时光总是短暂的。21 世纪以来，商学院改革乏善可陈，特别是最近 10 年，商学院经常被人诟病。在各类评价体系和认证体系的指挥棒压力下，体制内商学院只能迎合标准而放弃个性，形成了高度同质化的新发展格局。国内各大体制内商学院发展路径非常相似，具体表现为：一是专业设置高度雷同。由于教育部对各个高校商学院专业设置的强有力管控，严控目录外专业设置，本科高校几乎没有差别。二是课程设置高度相仿。教育部一方面控制各个专业的学分，另一方面规定思政类、基础类、核心类、专业学位类、实践类课程及其学分，导致专业课程设置没有了个性化空间。三是人才培养模式高度趋同。本科四年的培养过程几乎一个模式，第一年适应性学习、第二年基础性学习、第三年专业性学习、第四年实习找工作。在学习计划安排上，由于背后有教育部各项制度的限制，也难以个性化设计。四是人才出口模式高度趋同。由于大学学习的知识、能力和素质都差不多，用人单位只要看学校排名即可选择用人，不需要考察学习内容和学习质量，结果是一流学校难出创新型人才，二流、三流学校难出特色型人才，主管部门只要抓"毕业生就业率"一个指标就万事大吉了。

大学是生态系统，应该是百花齐放的，但实际是，国内高校的商学院高度同质化，培养出来的人才缺乏个性和创新性。明明这些问题的根子在顶层制度上，但要基层办学单位来承担责任。要改变这种格局是非常有挑战性的，要建设有独特气质的商学院，需具备以下两个基本条件。

第一，要有深具创新精神的院长。由于国内高校办学机构数量的严格管控，商学院不改革、没个性，也不担心招不到学生，可能有影响的是生源的质量问题。为此，有勇气的院长带领全体老师进行"自我革命"非常重要，他们可以带领商学院根据区域、行业、企业需求差异，围绕国家对人才的战略需求，改革办学模式。

第二，学校要对商学院的改革有包容性。现有体制下，期望通过教育部解放思想来推动商学院改革，那是不可能的，希望只能寄托于学校领导。大学需要个性，当然需要商学院有个性。商学院是社会科学，是高度多样性和多元性的，它不像理学和工学那样纯粹，为此，学校应该对商学院有包容性，允许从学院个性、学校差异、国家特质等多层次视角来设计办学模式和培养人才气质。举个例子，美国有个学校叫Babson College，这个学校培养创业人才是全球一流的，但如果参与中国的学科评估，肯定连二流也达不到，原因就是我们只能按照一个模式办学，别人允许按不同模式办学。如果国内一流大学能够容忍个性化商学院的存在，就可能形成百花齐放、各有千秋的多元商学院生态，就可能开创出具有中国特色、中国气派的商学院发展新局面。

3 认识商学院依托母体的不同气质

要破解中国商学院"面目相似，特色模糊"的同质化问题，除了要改变制度和机制层面，商学院自身也要有所作为，找到创造独特性的入口。我根据自己的思考和实践，认为最好的路子是把商学院办成"特区"，但这个源于顶层设计，因此，最现实的路子是从商学院的依托母体处找寻独特性。

我按照依托母体的差异性，将中国商学院大致分为以下四类。

第一类是独立商学院。以中欧国际工商学院和长江商学院为代表，这类商学院一般早期都有依托的大学母体（如中欧国际工商学院依托上海交通大学、长江商学院依托汕头大学），但随着发展逐渐独立出来，与依托单位之间呈现弱关联状态。由于独立商学院脱离了原先母体的"羁绊"，反而获得了解放，母体和教育部都对之采取松散化管理，使独立商学院成为"准体制外办学"。它们日常运营自主灵活，具有相对较高的财务自主权和教学自主权，办学定位高端，办学特色鲜明，还以强大的校友网络和国际资源链接能力见长。

第二类是企业或社会组织办的商学院。从早期的国企职工大学，到后来的海尔大学、华为大学等，这类商学院的母体是企业，其育人使命与企业发展战略高度相关，大都以培养企业中高层管理人员和专业人才为目的，育人模式也有很强的企业烙印，大都以企业自身经验和模式为教学基础，教学内容和教学方法强调功能性和实操性，注重学以致用和问题解决。此外，还有一类近年兴起的深度研修组织也颇受市场欢迎，如浙江湖畔创业研学中心、青腾学堂、混沌大学以及一系列私董会、企投会、研习营等。这类研修组织具有比较强的社交属性，其最大优势在于"小而精"，且接地气，对市场需求和社会热点响应迅速，从中美贸易冲突到俄乌局势，从大数据到 Chat GPT，研修主题大都与社会大众时下关注的热点相契合，育人模式也讲求"短平快"。

第三类是行业型大学中的商学院。这类商学院的母体高校具有明显的行业领域优势，它们的强势和优势学科源于创办初期的特色使命，如矿业大学、农业大学、化工大学、海洋大学、政法大学等。这些大学围绕特定且有限的优势领域，布局学科体系、专业体系、培养体系，经过长期建设，不但拥有了一流的学科和专业，还有了一流的行业资源、领域人才资源、国际合作资源。这些行业型大学的商学院往往成立较晚，基础实力相对于优势学科较弱，在学校内地位相对较低，但如果商学院能够与优势学科结合起来，就拥有了独特的办学条件和发展空间。例如，中国矿业大学管理学院培养了一大批矿产领域的管理人才，如果与矿产资源学科结合起来，是可以在资源管理方向上形成气候的。再如，江南大学拥有全球领先的食品学科，培养了一大批食品行业的领军人才，如果与食品学科结合起来培养食品企业的管理人才，也是有天然优势的。

第四类是综合型大学中的商学院。综合型大学是目前我国甚至全球高校中综合实力最强的高校群体，我国前 20 位的大学几乎都是综合型大学，欧美著名大学也几乎都属于综合型大学。这些大学的显著特点是：学科门类齐全且各类学科发展水平都很高；学科交叉融合发展空间比较大；培养的毕业生分布广而且多元性、多样性特征明显；具有较高的品牌声誉和国际影响力，有利于开展广泛的社会合作和国际合作。全球范围看，顶尖商学院全部产生在这样的大学里，因为这里的商学院具有一流的生长生态环境，具有多样性、多元性、开放性等独特优势，对于具有社会科学属性的商学院来说，这里提供了最佳的生存土壤。但是，在综合型大学中，由于管理学科的科学属性不强，很难在大学中获得行政地位、学术地位。如果把综合型大学再细分，我认为可以分为三个子类：①工科主导的综合型大学，如中国科技大学、哈尔滨工业大学等；②文理兼长的综合型大学，如北京大学、复旦大学、中国人民大学等；③平衡发展的综合型大学，如清华大学、上海交通大学、浙江大学等。由于三个子类大学的不同特征，其商学院也具备不同的个性和气质。

4 商学院可依托大学发展个性

母体的差异决定了寓于其中的商学院的育人使命和办学资源的差异，也决定了不同类型的商学院应该走不同的发展路径，扬长避短，走出同质化竞争的困局，张扬自身的个性和特色，培养满足国家和社会多元需求的管理人才。在此，我主要谈谈对大学中的商学院发展路径的一些思考。

行业型、领域型大学中的商学院，发展过程中应该注重连接所在大学的特色优势学科以及所处地域得天独厚的自然人文资源（如山西的煤炭资源、山东的儒家文化资源等），注重产教协同，以培养符合某一行业领域发展所需的应用型特色人才为使命，敢于砍掉"大路货"的旁支，走"精益教育"之路，力争在专一特色学科管理人才培养上有所建树。例如，我发现，对外经济贸易大学就利用国际贸易的学科综合优势，在国际商务管理人才培养上形成了专业特色；海南大学利用国际贸易港的独特优势，在旅游管理人才培养上独具特色。

综合型大学中的商学院则应该充分发挥多学科优势，实现跨学科协同育人，着力培养面向未来的复合型、交叉型人才。综合型大学中的三种不同类型商学院在发展中应该有所侧重，基于自身的文化传承和学科气质，设立差异化的育人使命。下面以浙江大学管理学院为例做介绍。浙江大学管理学院充分发挥了浙江大学作为研究型、创新型、综合型世界一流大学的优势，建构了"商学+"教育生态系统，走出了一条独特的发展道路。

浙江大学管理学院自 2017 年开始，旗帜鲜明地提出培养具有国际视野、创新能力、创业精神、社会责任的创新型、领导型人才，秉持学科交叉和融合发展的理念，开创"管理理论＋科技洞见＋人文精神"的全人培养模式，构建具有多边、多元、多向特征的"商学+"教育生态系统。

（1）专业学位培养。组织架构上，专业学位项目推行 track 制，聚焦行业需求，推出创业管理、商务大数据应用、资本市场运营、人力资源管理、医疗健康产业管理、文旅产业管理等特色方向，这些方向均依托浙江大学优势学科，强调交叉融合，其中医疗健康产业方向是国内首个面向健康产业的 MBA 项目。在课程体系上，构建了包括管理基础、科技思维、技术洞见、人文精神和伦理责任的课程体系，有的邀请理工医科院士领衔，有的邀请著名企业家领衔，与医工信、生命科学、材料科学等 A 类学科合作，打造"商学＋科技"的系列工程技术创新管理课、"商学＋人文"的管理哲学课。在师资结构上，构建以管理学教授为主体，以理工农医科学家、文史哲学者、政策智库专家、企业家为补充的多元化专业教师团队。后续，学院推出系列"新商课"，通过"新工科"与"新文科"的交叉协同，提升科技人员的经营思维、管理能力与战略格局，推动高层次复合型人才培养。

（2）学术学位培养。本科生培养上，构建"一横（通识教育）两纵（专业基础、科技素养）"的本科人才培养模式，最具代表性的是与竺可桢学院联合开设的"智能财务"荣誉项目、与数学学院联合开设的"商务大数据分析"双学士学位项目。研究生培养上，响应培育国家战略科技力量的号召，依托浙江大学学科会聚研究计划，开创"数智创新与管理"二级学科，面向工科招收"数智创新与管理"交叉学科全日制管理研究生，以及"机械工程数智创新与管理"非全日制定向工程研究生。

万物各得其和以生，各得其养以成。通过与理、工、农、医、文、哲等学科深度交叉融合，浙江大学管理学院探索出一条独具浙大气质，兼备中国传统人文涵养和世界科技前沿洞见的创新型、领导型复合管理人才培养之路。从浙江大学管理学院改革创新的实践中，我们体会到，中国商学院该"起而行之"了！我们要有打破传统办学路径的勇气，深化改革创新的智慧，尊重多样性，立足自身的资源和特色，发展自己独特的个性与气质，共同构筑群星璀璨、万物争辉的中国商学院繁荣盛景！

05 │ 范式转型期给中国商学院带来机会窗口[1]

　　我在研究中国产业技术追赶路径时，提出了"非对称创新"理论，认为我国的产业技术跨越往往出现在技术机会窗口、市场机会窗口的交汇期，我们把这样的时期称为范式转型期。范式转型期并不一定能让我国产业技术实现超越，还需要制度环境这个变量。如果那些先进企业有效利用制度变革场景，就可能抓住难得的机会窗口，实现产业的全球追赶跨越。

　　那么，我国商学院的全球追赶机会如何呢？或者说，我国商学院有没有可能探索出一条既有中国特色，又有国际一流水平的商学院发展道路呢？我借用技术机会、市场机会和制度机会"三个窗口"交汇理论，来分析当下的追赶场景，认为在数字技术突飞猛进、中国巨大的市场红利和国家制度力量的相互促进下，商学院是有机会走出一条具有自己特色的全球追赶道路的。中国的商学院当务之急是抓住范式转型期，通过教学组织、科研组织、行政组织和服务组织的变革，在未来 10 ～ 20 年成为全球领先的商学院集团军。

1　本文是我 2022 年接受《浙商》杂志记者采访时的观点，以及 2022 年 8 月 19—21 日 "中国管理现代化研究会年会" 南京会议上作的报告，结合梳理而成。

1 商学院遇到了数字技术变革的窗口期

商学是一门显学，它与所在时代的技术、社会、经济和文化发展模式高度关联，其中变化最快的是技术要素，数字技术异乎寻常的发展确确实实给我国商学院发展带来了技术机会窗口。当我们被各种技术新名词、新概念，如元宇宙、人工智能、虚拟现实、教学直播、孪生世界等冲击时，我们的学习和生活被迫与"变化""新奇"共生，也是这种新兴技术和教学场景的不断涌现，让商学院教师们被快速推进到数字教学的前沿。

我今天还清晰地记得，2020 年 3—4 月，我几乎每天都在组织各种线上教学的宣讲会、培训会、技术协调会。当商学院教师们面对不熟悉的线上课程而不知所措时，我们用组织的力量，强力推动教学内容、教学方式、教学管理的全面线上化。今天，我们看到线上教育已成常态，线上教学的组织和管理也实现了高度动态化，这些变化极大地推进了虚拟现实的结合，也为元宇宙时代商学教学打下了坚实的基础。

其实，大学教学还不算最先进的，如果我们去观察幼儿教育、小学教育和中学教育，十万、百万所的线上教学机构和技术机构喷涌而出，提前 10 年完成了线上教育转型。由于技术互动性、内容定制化、模式多样化等特点，线上教学越来越受到学生欢迎，而且其教学的效率和效果也正在超越传统线下教学。我愈加相信，大学商学院会继续高速迭代技术手段，使商学教学越来越平民化、普及化、多样化和定制化。

2　商学院正处于教育市场喷涌的窗口期

由于抓住了数字技术带来的机遇，中国商学院正在开辟新的市场机会。我认为未来 20 年仍然是中国商学市场的黄金时期，主要基于以下理由。

首先，中国期待接受商学教育的年轻人和中年人还在持续增加。如果按照 20 世纪 60 年代末到 70 年代中期的"婴儿潮"来推算，这些"婴儿潮"时期出生的人的子女如今大概是 20 ～ 30 岁，正是接受商学教育的最佳时期，加上 80 年代之后出生的年轻人，这股力量仍处于发展期，只是增长速度有所减缓。

其次，科技转型带来了继续教育的市场机会。越是科技转型、经济转型时期，新商科教育的需求就越大。从数字技术发展历史看，目前年龄超过 35 岁的人群被数字技术挤压得比较严峻，面临着知识和能力跟不上技术发展的压力，个体只有不断通过教育来跟上时代步伐。

最后，国际形势造成了海外学生回流带来的市场机会。2020 年以来，中国留学生数量有所下降，欧洲和美洲的中国留学生越来越少，我在英国和澳大利亚看到不少商学院因为中国留学生断流而陷入破产的困境。这些商学院因为没有大量中国学生涌入，财务压力难以短时间得到缓解，必然会影响其发展速度和人才汇聚速度。

前面分析的是接受教育需求的可能性，再看购买教育的能力。随着中国经济的快速发展，多年的财富积累有一个长期的释放过程，这是中国与欧美国家不同的地方。欧美国家是用家庭或者个体的财务赤字去读书，中国是用家庭和个人的财务积蓄去读书，在中国文化传统的驱使下，"万般皆下品，唯有读书高"的观点仍普遍存在，说明我们的教育需要仍在持续喷发。还有，年轻人的学习能力在持续提高。当我们回首MBA 刚起步时的情境，那时具备报考 MBA 条件的学生是极少的，当时大学升学率还不到 10%。而今，大学升学率达到 70% 多，每年毕业的大学生超过 900 万人，他们必然有很大比例的人要"回炉深造"。虽然他们很多是大专学历或者本科学历，但可以到商学院接受研究生教育，这是有巨大的内生市场支持的。

以上判断也可以从近几年报考 MBA 的学生数量和实际录取率来看，2020 年、2021 年全国 MBA 的报考人数在 22 万～ 25 万，实际录取率在 20% 左右。虽然 2024 年之后中国经济有所波动，短时间内 MBA 报考人数有所下滑，但长期看还是有增长空间的。如果参照美国、英国的经验，我国的录取率未来 5 年应提高到 30%，即每年 2 万人左右的市场需求增量，这给中国商学院提供了巨大的生源支持。

以上分析还仅仅是学历教育的生源市场，还没包括科研市场、社会服务市场、非学历培训市场。这些需求给我们带来了人才、资金、科研等方面的资源，这种资源是西方国家商学院所不具备的。我们只要自己努力，稳步提高商学院的整体实力，就会为我们的全球追赶创造极好的市场机会窗口。

3　商学院正处于与制度变革同频共振的窗口期

过去中国商学院的高速发展，毫无疑问得益于国家经济的快速崛起，得益于坚定不移的对外开放，得益于持续的制度变革和创新。正是中国经济的快速发展，给商学院提供了需求驱动力；正是长期的对外开放，使我们能够全方位学习欧美商学院的办学模式；正是持续多变的制度环境，给商学院带来了制度创业机会和动态适应性。

既然是对外开放的受益者、制度变革的受益者，那么，商学院在未来理应成为制度变革的驱动者和引领者。未来商学研究和教学要更多地通过改革来实现，与制度变革同频共振。

目前中国商学院必须面对这些命题：如何跟上新发展阶段、百年未有之大变局的时代变迁脚步？在经济、政治、社会、文化和全球化的重大转折时期，商学教学模式和理论研究范式有相应的转变吗？管理学科、管理理论与管理教学如何扎根中国实践，建构中国理论体系？这些都是深层次范式转型的命题。一句话，现在到了必须探索具有"中国气派"的商学院发展模式的时候了。

构建商学院发展模式的"中国气派"，取决于中国经济的持续崛起和中国企业的持续发展。中国商学院的学者们对于本土管理理论是缺乏自信的，过去10年，我注意到部分学者已经从"不自信"变得有些"自信"了，已经有先进分子从"模仿学习"走到"理论创造"了。这种难得的变化，给中国商学理论和实践研究提供了一个契机——实践自信带来了理论自信。

构建商学院发展模式的"中国气派"，就要尽快抓住范式转变的关键时期，向全世界贡献来自中国的管理理论和智慧，为全人类贡献中国管理实践背后的道路逻辑、理论逻辑、制度逻辑和文化逻辑。这个过程国内学者要早点行动，因为西方学者可能已经走到我们前面了，例如，哈默博士就长期研究海尔的管理模式，总结海尔的管理理论。

事实上，创造"中国气派"原创理论的条件也具备了。社会主义制度、中国共产党的领导、中国传统文化和社群文化的影响、多种所有制的共存等，都是具体、热烈和鲜明的，那么，在这些情境下产生的管理实践和理论，一定也是具体、热烈和鲜明的。例如，我们就应该回答这样一些中国企业的问题，行得通也好，行不通也好，都应该有科学理性的研究。

——我国产业高速发展和技术快速追赶，究竟与中国传统文化有什么关系？

——在"集中力量办大事"的情境下，企业走产业技术追赶道路究竟有何独特性？

——在多种所有制混合背景下，中国民营企业未来生存之道和发展之路何在？

——在共同富裕制度环境下，企业究竟能否兼顾经济利益和社会责任？

——在中国共产党的全面统一领导下，企业这种经济组织究竟是遵循政党的制度逻辑还是遵循市场的制度逻辑？

——在全过程民主的制度下，不同所有制企业如何选举党委书记、董事长和总经理，企业如何建立内部治理体系？

4 抓住机会窗口根本上取决于商学院的组织变革

我提出的"非对称创新"理论，强调产业技术要跨越式发展，除了要充分利用外部市场机会、技术机会和制度机会，更应强调组织变革的根本内因。具体来说，包括组织逻辑、组织框架、学习路径、组织治理和创新系统。

商学院变革也是如此。这些年来，越来越多的商学院打破了学系管科研、学系管教学、个人做研究、学院搞平衡的传统弊端，全面推进"商学＋"教育生态系统变革，推进有组织的科研，关键是抓住了组织变革这个"牛鼻子"，彻底重塑了组织目标、组织框架、考核评价、教学基层组织等。

（1）组织目标重塑

首先，科研目标是对现实需求的高质量回应。管理理论来自实践，管理研究的唯一通路是回到产业和企业实践中去，掌握第一手管理实践智慧，转变僵化、教条化和程式化的研究方法，强化综合型、启发型研究之路，无论教师还是学生都要"走出校门""走进实践"。例如，浙江大学管理学院为了做好与实践的深度对接，成立了全球浙商研究院，把研究院搭建成为政府、企业、社会和学校的合作平台。组建企业家委员会，提升与企业的深层次合作。一方面，把管理学院建设成为"人才大本营""智慧基地"；另一方面，实现理论研究和实践同步对接，以最有效的方式"把论文写在祖国的大地上"。上海交通大学管理学院成立的行业研究院也有这样的效用，最快地回应行业实践的需要。

其次，要把人才培养成为商学研究的第一成果。大学中的商学院必须回归教育本质，商学研究必须为培养人才服务，而不是相反。商学院存在的使命，就是培养优秀的商学人才，看一所商学院是否具备一流影响力，第一个标准就是看能否培育出一流的商学人才。为此，浙江大学管理学院把创新型、领导型人才培养作为教师科研评价的重要指标，明确定义"教"的两层内涵，既包括"教学"，也包括"科研"，把科教融合落实到职称评审、岗位聘任和"三好老师"评审中。

（2）组织框架设计

确立平台思维和生态思维，我提出四个对未来组织的预见。第一个是"未来商学院是开放型的"。第二个是"未来商学院是网络型的"。第三个是"未来商学院是学生主导型的"。第四个是"未来商学院是人机共生型的"。

（3）组织学习机制

商学院的特殊性就是整个社会、全球企业都是我们的实验室和组织边界。商学教育要适应快速变革的时代需要，尤需考虑与大数据、人工智能不断融合，把深度学习作为创造"商学+"教育生态系统的内在机制。一方面，大数据、人工智能的发展，让互联互通、开放整合、深度学习得到数字技术支持；另一方面，教育目的不再是传授知识和工具，而是创造世界，商学教育也应进入"深度学习"模式，挖掘知识深度，启迪自身智慧。

深度学习的实现需要智慧化组织变革。要实现 AI 对组织智慧赋能，组织自身必须要以智慧化为基础，由此吸引有智慧和灵气的优秀人才加盟。例如，通过"数字商学院"建设，开放边界，与社会交互，实现高水平师资与管理实践者思想对流，缩小教育与需求的互动距离、学校与企业的知识距离。过去几年不断涌现的华为大学、混沌大学、青腾学堂等一批企业商学院和私董会、研习营、企业家俱乐部等深度研修型组织，都是时代驱动的新型商学机构。

虽然目前这些新型商学机构还不是商学教育的主流，但他们已经给我们带来了深刻的挑战：既然传统商学院培养的人才难以满足企业的需要，那我们就自己来探索培养模式！我们意识到，体制内商学院是中国经济异军突起的直接受益者，在未来一段时间内，还可以依托过去的发展路径，所以我们尽管嘴巴上说"要改革培养模式"，但实际上并没有足够的动力。

机会窗口是向做好准备的人打开的，我们应该问体制内商学院这样一些问题：我们做好了颠覆传统的准备没有？究竟我们是等着被非主流商学机构颠覆，还是自行变革、自我颠覆？而关键的准备是组织的自身变革。内部缺乏深度学习能力，组织就没有灵气，就会严重阻碍组织内部人作用的发挥，范式转型的机会就会属于他人。

06 | 商学院为什么存在？ [1]

　　我国的商学院基本属于体制内，有制度优势和体制保护。例如，国家有预算拨款、招生有严格计划、培养有精细标准、就业有政策支持，所以，有一些非常有趣的现象——不同学校培养目标同质化、培养过程同质化、培养出口同质化，学生毕业生找不到工作也不能责怪培养单位，因为高校是服从教育部的安排；高校各个专业也不用担心关门，因为标准化培养模式下，高校是国家培养计划的执行机构。所以，我们几乎不需要考虑商学院的使命、价值和核心能力等问题，各个商学院几乎专业差不多、课程没差异、教学模式一个样，培养机构或者单位很少需要考虑谋划各具特色的创新人才培养模式。

　　我之前其实也很少去深入思考这些问题，直到2018年暑期某天，一位毕业多年的学生给我的一个电话触动了我。他告诉我要去某个企业办的商学院读书，而且听说有很多优秀的独角兽、准独角兽企业家都想尽办法去这个企业创办的大学读总裁进修班课程。这件事情引发我思考：为什么那么多优秀的创业者愿意去一个不提供学历、不提供学位、没有历史沉淀、没有教育部认证的企业读书？再仔细想想，不由得反思三个基本问题：商学院为什么存在？商学院要往哪里去？未来商学院如何发展？

1　本文是我2018年1月30日在浙江大学管理学院全院大会上作的报告，当时的题目是"未来已来，传统商学院会不会被颠覆？"。内容有删节和修改。

1　商学院为什么存在?

这个基本问题也就回答了商学院存在的使命、目标、边界和战略行动问题,或者说是"商学院存在"的理由。

第一,商学院存在的价值是什么? 当我们考察商学院的排名和评价商学院教师的绩效时,发现成果评价的第一指标、核心指标都是期刊论文、科研项目、科研奖励等,我们没有必要去争论"论文至上、项目至上、奖励至上"是对还是不对,试想,如果商学院的存在价值是论文、项目和奖励,那不就成为"商学研究院"了吗?现在国家强调"破五唯",也不是说要否定论文、项目、奖励、帽子、学历等,否则,就不是大学商学院了。更深层次的问题是,商学院在面向各种不同的利益相关者(教育部、大学、排行榜公司、教师、学生、社会、企业等)时,其价值优先度是如何排列的。当商学院把"paper maker"(论文制造者)作为第一价值贡献点时,自然是不会把培养符合经济社会需求的人才放在商学院战略目标的第一位。目前,口头说"立德树人"是商学院和教师的第一使命,但实际做的还是论文至上。

第二,商学院的核心竞争力是什么? 是生源、教师、平台,还是学位?大家肯定会说,这些都是核心资源,缺一不可。我做过多次实验,让学生做选择题:如果大学商学院不提供学历学位,你们还会选择来商学院读书吗?他们几乎没有例外地告诉我"不会"。其实,这也不是什么新发现,钱锺书先生《围城》里的方鸿渐,不就是愿意花不少钱去买个文凭吗?他认为是否读过书不是最要紧的,最要紧的是有个文凭。我突然想明白了一个道理:商学院的核心竞争力就是政府授予的发放文凭的权力！因此，作为"diploma/ degree provider"（文凭／学位供应商）的商学院，学位授予权才是核心资源。这就可以理解现在国内商学院把争取学位授予权看作最高目标，对于学院特色和核心竞争力并不关注的原因。

第三，商学院的边界是什么？ 任何组织都有个边界，边界决定业务活动范围，边界决定与谁合作，边界决定何处整合资源，边界决定利益分配范围等。随着互联网、数字技术的发展，组织边界、知识边界正在被打破。但当我们直面体制内商学院最关心什么边界时，毫无例外地应该是"学科边界"，每个山头要牢牢守住自己的学科，没有学科的要千方百计设立学科，因为学科就是最大利益！可是，学科边界在现实管理世界中真的有必要吗？且不论其他学科，管理学科是现实需求驱动的，个体和组织是我们的研究对象，当个体或者组织"生病"了，"病人"首先要思考的是挂"工商管理科"还是"管理科学与工程科"？那么，问题的症结就出来了，正是因为从学科利益出发，才会把培养学生的课程体系扯得支离破碎，把任课教师固化到系和学院的边界内。可想而知，这样的制度设计怎么能培养出符合实际需要的管理人才呢？

只有解决了以上三个问题，才能弄清楚商学院的使命。我们去看看国际国内商学院挂在墙上的使命，都写得非常漂亮。但是，当直面最基本的问题时，发现墙上的使命几乎是不可能落地的，因为决定这些基本问题背后的制度设计逻辑是有方向性偏误的。

2　商学院究竟应往哪里去？

回答好"商学院往哪里去"，就明确了商学院的战略目标与愿景，就回答清楚了"我们应建成什么样的商学院"。

习近平总书记说过，世界上不会有第二个哈佛、牛津、斯坦福、麻省理工、剑桥，但会有第一个北大、清华、浙大、复旦、南大等中国著名学府。我们要认真吸收世界上先进的办学治学经验，更要遵循教育规律，扎根中国大地办大学[1]。遵循这样的理念，每所中国商学院都需要思考"往哪里去"的问题。现在流行对标，凡是在国际上开始有点名气的，都去对标哈佛、斯坦福、麻省理工、宾大沃顿之类，希望按照西方模式来办中国的商学院，或者紧跟北大、清华、浙大、复旦、南大等去办管理学院。

显然，照搬西方模式肯定是错的，说不定别人家的商学院正在走下坡路或者也正在反省呢！复制国内其他管理学院 / 商学院去做自己的管理教育也是错的，亦步亦趋，不就是东施效颦吗？简单去模仿企业大学办商学院肯定更加错误，这样，商学院培养的学生会缺失理论底蕴和科学素养，纯应用技能导向。如何才能体现中国的管理理论？如何才能培养出中国的管理思想家和领袖型人才？

那么，我们究竟应该往何处去？不同的商学院在提供不同的答案！有的说要建设成为最懂中国的商学院，有的说要成为提供行业解决方案的商学院，有的说要成为有思想力的商学院，也有的说要成为引领发展

1　习近平.青年要自觉践行社会主义核心价值观——在北京大学师生座谈会上的讲话 [M]. 北京：人民出版社，2014.

健康力量的商学院。大家都在探索和定位。

毫无疑问，不同商学院确实应该有不同的目标愿景。但不管差异如何，基本目标必须是明确的。一是要培养优秀的、有独特文化印记的人才，二是要能为中国或者世界解决实际管理问题，三是做出能解决问题的高水平研究。商学院要回到现实管理需求中去！要回到人才培养的初心上去！这是根本性目标。

3　商学院未来发展之路如何走？

回答好"未来商学院如何发展"，就解决了如何从战略与战术相结合的视角来谋划未来的具体行动和布局。商学院已经发展到了又一个十字路口！作为管理学的教授或者商学院的管理者，真的要好好反思目前的窘境：如果我们意识到了问题，那我们如何行动？不妨看看这样一些现象：商学院教授们在课堂上教导企业家"要走出低价格竞争"，但自己却在与兄弟学院打价格战；在论文上倡导企业家"要培养良好的产业生态"，自己却在破坏 MBA/EMBA 人才培养生态，恶性竞争，互挖墙脚；在报告会上常对企业家呼吁"要为国家承担使命"，自己却在做精致利己者；在课堂上教育本科生要心怀"国之大者"，自己的研究成果却与国家的实际需求存在较大差距！

理念决定行动，商学院要走出自己的发展道路，首要问题应该是改造商学院管理者和教授们的理念和价值观。我们不妨再看看商学院教师们的价值定位。在人工智能和数字技术时代，商学院教师们应该扮演什么角色？是知识传播者、技能培训师，还是智慧启发者？如果商学院教师仅仅是知识传播者，那在人工智能技术的支持下，Alpha Go 或者 Alpha Zero 是否会取代我们。如果是技能培训师，那还需要大学干什么，社会上多如牛毛的培训机构完全可以取代我们。如果是智慧启发者，那就要求商学院教师在独立研究的基础上，为学生提供自己独到的见解，而不是人云亦云。时移世易，今天的大学教授已经不仅仅是授业、解惑，这些不少可以由 AI 替代，而应该是传道，启迪人的智慧，激发学生的创新思维。

再看看商学院组织是如何演化的。作为大学中的商学院，虽然会比其他学院灵活、高效些，但仍不可能脱开整个大学习气的束缚。具体可以从个体、教学科研组织、学院三个层面来看。在教师个体层面，因为事业编制和长聘制等制度保护，一旦评上了教授，即使混日子、无创造力，照样可以衣食无忧享受事业编制待遇！教学科研组织几十年如一日，学系设置、研究所设置、专业设置明明早已滞后于实践，但仍鲜有人愿意改变！"反正又不是我的，多一事不如少一事！"再看学科间、院系间的关系，每个学科都有独立的领域，这些领域之间有的保持和谐共处，有的则相对孤立，院系之间边界清晰，你不要侵犯我的利益，我也不侵犯你的利益，不能跨学科雷池半步，何谈融合发展。

最后看看商学院的运作体系。商学院的持续发展要解决项目化运作的模式、商学院教授的激励陷阱、商学院组织的体系僵化等问题。过去20 年里，横亘在管理研究与管理实践、管理研究与管理教育之间的鸿沟不断被讨论，管理教育的有效性更是受到社会各界的广泛质疑，这就需要我们思考如何打破科层结构和官僚治理，构建平台化、网络化组织体系；需要我们思考如何打破院系和学科之间的篱笆墙，构建开放式、平台型生态体系；需要我们思考如何打破专业和课程相互隔离的格局，建立全人化、素质型人才培养体系。

我们有理由认为，当下商学院存在的问题不仅仅是与实践脱节，也不仅仅是与中国脱节，而在于与现实渐行渐远！我们确实到了该改变的时候了！否则，我们会失去存在之理由！商学院要真正把挂在墙上的使命落下去，不应该仅仅是论文制造商、学位提供商，而应该是管理问题解决方案提供商、人类思想智能生产者和传播者。

可以预见，不远的将来，不能生产管理智慧的商学院必将消亡！

07 商学是博雅之学，多学点无用之真理[1]

每年 9 月的新生第一课，我会特别用心去准备，因为有一个问题永远在我脑海里——培养商学研究生的使命和目标到底是什么？例如，浙江大学 EMBA 学生几乎全来自民营企业，其中 2/3 左右是董事长、总经理或者实控人，难道他们来大学读高级工商管理硕士学位的终极目标是赚更多的钱？处于"百年未有之大变局"，越来越多的企业举步维艰，商海沉浮，大浪淘沙。尤其是过去 5 年，不少企业家出了问题，不少大企业业绩断崖式下滑甚至破产，这些都需要商学教育认真去思考，为什么这些企业会出现大问题？难道商学教育没有责任吗？商学院是不是应该给学生补上历史观、哲学观等认知上的课程？

那么，处于动荡与变革的今天，商学院应该如何去培养企业家呢？商学教育的意义究竟何在？商学院究竟应该培养什么样的人才？围绕这样的问题，我在 2017 年的开学典礼上，把"院长第一课"的主题定为"培养引领中国发展的健康力量"。随后的 5 年，我持续迭代第一课的主题，2018 年的主题是"培养改变中国进而改变世界的人"，2019 年的主题是"继续走在创新创业的引领道路上"，2020 年的主题是"面对演化与变革，我们唯一选择是创新"，2021 年的主题是"办出'有意义'

---

1 本文是我在浙江大学管理学院 EMBA 和企业家学者项目开学第一课上作的报告。主要聚焦商学人才培养使命做了思考，形成了概要性集成，部分观点发表在 MOR 上。

的商学院"，2022 年的主题是"论企业家的意义回归"。我确定这些主题的动机，就是希望商学院的学生们能够走出"庸俗"的金钱导向，在学习过程中找到工作的意义。

每当想到这些，我总是会情不自禁地想起竺可桢老校长在 1938 年 11 月那次开学典礼上的讲话："大学教育的目标，决不仅是造就多少专家如工程师、医生之类，而尤在乎养成公忠坚毅、能担当大任、主持风会、转移国运之领导人才。"

我每次在"院长第一课"上都会告诉同学们：这是一个需要智慧的时代；这是一个寻找幸福生活的时代；这是一个让学习成为生活方式的时代。我也会告诉同学们：我们坐在这儿，目的不是赚更多的钱，也不是学了商科而知道如何避税、做商业模式、做销售，而是学会如何成为一个受人尊重的企业领导者，如何做一个有意义的人！这才是商学教育之真谛。

1   商学院之初心

其实，商学院设立的初心也并不完全是培养能赚钱的人。1881 年，宾州大学最早创办商学院的初心也不是今天这样的学历学位教育，而是为社会培养职业化人才。到了 20 世纪 40 年代，哈佛开始有第一个 MBA 培训计划，其定位也是培养职业化人才。二战后，大量军工企业转为民用，企业之间竞争激烈，为了在市场竞争中获得更高地位，一大批军工企业开始培养职业化管理人才，于是，商学院 MBA 迅猛发展。

到了 20 世纪 80 年代中期，美国开始反省：商学院培养的学生为何如此技能化、短视化？商学院到底有没有真正培养时代所需要的人才？特别是 1997—1998 年的金融危机给商学院 MBA 培养再次敲响了警钟——为什么金融危机背后的一批始作俑者是来自商学院培养的MBA？此后，国际范围内 MBA 呈现多样化创新局面，不同商学院开始关注对学生国际化能力、整合型素质、领导才能、团队意识、企业伦理、企业家精神的培养。

商学院究竟培养什么样的人才？管理学到底是一门怎样的学科？要回答好这两个问题，或许我们可以从 20 世纪伟大的管理思想家彼德·德鲁克的三个小故事中得到启迪。

第一个故事。1922 年，德鲁克 13 岁，宗教学老师问了他一个人生大问题："将来过世后，最希望令后代怀念的是什么？"当时没人能够回答，他也太年轻了回答不了。老师笑着说："我本来就没有期待今天你们能够回答这个问题，但是如果你们到了 50 岁时仍然没有答案，就表示你们白活了。"

第二个故事。1939 年，德鲁克拒绝了《财富》杂志创办人亨利·卢斯的盛情邀请。他说："卢斯的善意，他给的高薪和溺爱，简直是对才智的谋杀。若是为卢斯工作，我怀疑自己是否有这份能耐，能成熟到抗拒那些诱惑？"他并没有接受这份高薪闲差，因为德鲁克认为自己不应做这样的人。

第三个故事。1999 年，德鲁克研究生院院长杰克·萧问："你认为你最重要的贡献是什么？"90 岁的德鲁克给予这样的回答："早在60 年前，我认识到管理已经成为组织型社会的基本器官和功能，我创建了'管理'这门独立学科，围绕人与权力、价值观、组织结构、制度来研究这门学科，最重要的是围绕责任，故此，我把管理视为一门真正的博雅之学。"

这三个小故事给我的启发是，管理是哲学、历史、政治、文化、经济、心理、社会等各种学科的交互，是一门具有独特思想哲学的学问，是博雅之学。"一所商学院在道德上站得住脚的唯一使命，就是教育学生，在他们的管理下让组织变得更加富有成效，而不是像哈佛或者斯坦福把学院的使命视为最终追求个人私利的手段。"这是德鲁克写给《经济学人》编辑部的一封信。这才是商学院应该追求的使命和目标。

2 商学院应传授"无用之真理"

我有一次给松下全球高管做讲座，课后，一位中国区的高管告诉我，松下有条规矩，希望公司每年营收增速最好能控制在 15% ～ 20%，如果超过 20% 就需要反思"太快了会不会出问题"。这真的是个让我吃惊的说法。在国内，我们经常看到这样的报道，"某某企业实现超常规发展，连续三年增幅在 50% 以上""某某公司实现销售收入连续五年翻番"！

这件事引发我专门对中国和日本电子企业的产值增速做了比较，突然明白了一个道理：为什么他们的企业"同行能合作"，我们的企业"同行是冤家"！试想，当企业营收连续几年实现 100% 增长，这个企业还健康吗？再问如此快的增长是从哪里来的，如果是从同行碗里抢来的，那就要问是不是进入恶性竞争陷阱了？我还注意到，2018 年以来，浙江有一批百亿元以上规模的企业倒闭，是因为这些企业老板没有学基本的商业逻辑和管理方法吗？肯定不是的，是因为他们的贪婪和无知，忘记了管理行为背后的哲学逻辑和科学规律。

当行业内某个企业为了追求自身快速增长而展开恶性竞争时，必然会对行业生态产生破坏性影响。我统计了 1993—2017 年松下、日立和丰田的营收情况，发现这三家日企增速非常平稳，在 5% ~ 18%，而同期我国的海尔、长虹、海信则在 -50% ~ 80% 大幅波动。这些企业通过控制发展节奏，避免恶性竞争！通过控制增速，保持合理的利润空间！行业有利润，企业就可以积累科学技术，调整产业结构，当某些技术不适应发展时，可以勇敢且主动地淘汰，使芯片、医疗、机械和新能源等新兴产业能够厚积薄发。

我也反思商学院的课堂教学，我们按照美国全球竞争的逻辑来思考企业竞争战略，显然是缺乏管理哲学指引的，我们传统文化所强调的"适度中庸"并没有为我们的企业家所深刻理解，如果大学教学更进一步强化零和游戏的竞争思维，该有多大的破坏性呀！我们为什么就不能给他们以哲学思想的启示呢？什么是无用之真理？就是哲学思想！我后来请教了松下中国的副总裁本间一郎先生，他说："我们这些做法都来自中国的哲学思想。"对呀，管理哲学就是无用之真理！

狄更斯在 1859 年写道："这是一个智慧的时代，也是一个愚蠢的时代。"当前，我们所处的也是这样一个时代，企业家需要拥有智慧而不仅仅是技能，拥有思想而不仅仅是知识。这些企业家智慧源自哪儿？源自那些"无用之真理"。大学的学习是学无用之真理！大学的使命本来就不是教给大家有用之功利。

既然管理学是一门真正的博雅之学，那么作为大学中的商学院，就应该是人类不同思想、文化能够相互碰撞的平台，要造就一个又一个拥有独特管理思想的先进分子，要培养有能力影响或带领其他人前进的领导人。这种特质的人才之形成，如果离开了科学思维、艺术思维、文学思维、哲学思维的培养，显然是不可能的。

所以，2017年我们提出构建"商学+"教育生态系统时，就希望商学院培养的是兼具管理基础、科技洞见、人文精神的创新型、领导型人才。我们随后开设了管理哲学必修课，以及文学写作、传统文化等选修课，希望向学生传授"无用之真理"，倡导商学教育之内容并非"有用之功利"。忘记当下之有用，才能着眼长远之真理皈依，这才是大学之所以为大学的本来。

3　商学教育是为了找到生存的意义

以博雅之学认识商学，以意义追寻看待学习。

商学人才培养的目标是造就一大批有时代使命、社会责任和创新担当的企业家。这种使命和担当来自哪里？从人性角度看，就是通过做好做强企业这种"工具"，来获得受人尊重的地位，成就自身的幸福人生。我认识几千名浙江企业家，也与几万名企业家打过交道，在与其中的优秀企业家交流的过程中，我明白了一个道理：选择做企业家，就是选择一种生活方式、一种找寻自己价值的方式。

按照这样的逻辑，我们商学院学生需要反思学习动机。无论学术学位还是专业学位的学生，都是这个时代的精英，那么，我们这群精英是否过度看重"有用之功利"，而忽略了"无用之真理"。我们来读书的目的是学习赚钱的知识，结交各类圈子，还是通过学习寻找内心的愉悦？

如果把商学看作功利之学，你就会越来越偏离人性之终极追求。如果我们商学院在培育学生时，倡导"看淡金钱，看重贡献"，那么，学生们对钱看淡了，对社会贡献看重了，自然就不会简单把大学看作功利之地。如果大家在入学之初就能深入思考"什么是我的价值""什么是我的梦想"，就说明我们办学成功了！我希望大家来到大学，可以找回迷失的自我，大家在这个平台上实现智慧的启迪，把自己的人生观、价值观和这个平台紧密联系在一起，共同追求幸福生活。

倡导商学是博雅之学，当然不是说企业和个体不要去赚更多的钱。读 MBA/ EMBA 当然是为了办好企业，如果读了 MBA/EMBA，企业反而办不好了，说明商学教育背离了办学之初衷。那么，我们学什么能够把企业办得更好呢？是智慧！在 VUCA[1] 时代，经济、社会、文化、科技高度不确定性演变，要办好企业越来越需要智慧。

例如，今天的组织已经不是 30 年前的组织，今天的企业已经不是30 年前的企业，今天的治理已经不是 30 年前的治理，今天的规模也已经不是 30 年前的规模。今天，一家企业可以创办仅仅两年零十一个月，就达到 300 亿美元的市值；今天，一家企业可以同时给 10 亿级规模的客户提供服务；今天，一位企业家可以拥有数千亿元级的巨大个人财富，这是几千年人类历史和几百年商业史中从来不曾发生过的。要应对这样的时代，要理解这样的时代，要看懂这样的时代，没有智慧，怎么

1　VUCA 是指组织将处于不稳定（volatile）、不确定（uncertain）、复杂（complex）和模糊（ambiguous）状态之中。

可能！

　　要启迪学生反思，商学院更加应该反思。商学院有不同定位，对于嵌入综合型、研究型大学中的高水平商学院，绝不能把自己等同于企业商学院，应该坚守"象牙塔精神"，应该坚守育人的第一功能。

　　过去，大学商学院教师被贴上"学院派"的标签，以至于有的教师认为"学院派"是个贬义词。我不这样看，我们就应该做好"学院派"，实战派与学院派的存在不就是美好的存在吗？学院派和实战派的功能是什么？学院派是不断地帮助大家思考、反省、寻找意义，而实战派是去实现意义，去完成使命。这两者从来没有矛盾过。

　　选择做企业家，是选择了一种生活方式、一种找寻自己价值的方式。我们选择做商学院教师，也是选择一种找寻自我价值的生活方式。学院派的独特功能就来自"无用之真理"，因而我们以自己的思想和智慧去丰富商学院学生之大脑，以我们的人生观、价值观去影响我们的学生。

　　作为综合性、研究型和创新型大学的教师，有机会畅游在丰富多彩的智慧海洋中，依托大学这个神圣的平台，一起创建意义共同体！这个共同体驱使我一辈子去找寻教育的意义，也让学生一辈子去找寻做企业家的意义，由此进一步成就了永远的意义共同体。作为共同体的一员，我们要学会利用这个智慧平台，打开思维边界，重构思想空间。等我们的学生毕业后会突然发现，内心已经改变，价值观已经改变，人生意义也已经改变，此时，终究会发现，企业不再仅仅是赚钱的工具，而是实现自身意义的载体。

　　过去10多年，我努力在思考和践行一件事情，就是如何引导好、建设好这个意义共同体。首先，这个意义共同体要以中国人的智慧和管理哲学去回应世界，去为全球的管理发展贡献我们的智慧；其次，要以人本精神和人文关怀去回应社会，培养影响社会的意义追寻者；最后，要以内涵、内在和内求去回应企业家，培养引领中国发展的健康力量。

08 │ 交叉学科是个"伪命题"！[1]

　　2013—2017 年，我在浙江大学中国科教战略研究院主持工作，研究院的使命是"全球视野、国家智库、浙大战略"，主要任务之一是研究大学发展的新战略、新模式，如开环大学、精一型大学等。当时，我主持过一个推进学校学科会聚交叉的课题，具体问题为"如何推动大学学科交叉""如何实施教师双聘制、组建跨学科研究中心、设置单列交叉培养博士名额等政策来推进交叉"，结果呢，教师对双聘制没有动力，建设跨学科研究中心的动力也不足，运作过程很难实体化。教授们为了争取交叉培养博士名额而开展形式上的合作，实际并没有交叉指导的意愿。

　　面对这样的问题，我们不禁疑问"为什么推动学科交叉那么难？"多年实践思考后，我终于明白了原因：这些政策之所以治标不治本，因为学科交叉是个"伪命题"。其根本原因是组织分割和利益冲突。大家都知道学科交叉很重要，但僵化的学术组织和学科体系才是学科交叉难以逾越的鸿沟。

　　由此，引发我对中国商学院未来走向的思考：如何跨越学科边界，

---

1 这篇文章是我 2017 年 8 月在内部研讨会上的发言，后来分别在华东理工大学"商学院发展论坛"（2017 年 12 月）、"全国 MBA 培养院校院长论坛"（2019 年）、"东北石油大学党委（扩大）会议学习班"（2022 年）等近 10 个会议上作了相关报告，经过不断思考、不断学习、不断改进修改而成。

实现深度交叉？中国商学院如何走出新路？首先是要改变学科组织、行政组织和教学组织，组织关系和结构不变，利益格局就改变不了，商学院就走不出新路。

1　西方商学院会不会走向没落？

从生产力和生产关系之间的关系看，科技进步特别是数字技术的快速发展，正在挑战传统商学院的发展模式。总体来看，商学院的学科组织、行政组织、学术组织、教学组织等，几乎没有变过。"再过 5 到 10 年，我们将看到美国一半的商学院破产。"几年前，"颠覆式创新之父"克莱顿·克里斯坦森（Clayton M. Christensen）接受采访时如是说。

哈佛商学院喊出"管理教育即将被颠覆"的口号长达十余年了，在"公司大学"和大规模在线开放课程的威胁下，申请这所顶级商学院的人数正在逐年下降。不仅仅是哈佛商学院，据《2018 GMAC[1] 申请趋势调查报告》分析，过去 5 年来，71% 的管理硕士项目、57% 的金融硕士项目和 68% 的会计硕士项目，申请人数持续下降。我去美国几所很不错的商学院访问过，如马里兰大学的 Smith 商学院，专业学位项目的学生有 75% 来自中国，现在由于国际局势的影响，这些项目几乎要关门了。

2021 年我作为 EQUIS[2] 认证的 Peer Review Team（同行评审团队）

1　GMAC，Graduate Management Admission Council，管理专业研究生入学委员会。

2　EQUIS，European Quality Improvement System，欧洲质量改进体系。

成员，参加了对澳洲某所非常著名商学院的认证。在与该商学院学生和教师座谈时，有学生担忧商学院会不会破产？这与我的担心是一致的，因为那个商学院的本科留学生中 50% 以上来自中国，研究生（特别是MBA）有 2/3 以上来自中国（包括中国香港），而且这些学生的学费是本国学生的几倍。

未来这些商学院怎么办？

西方商学院除了面临市场因素的严峻挑战，还面临教学组织的严峻挑战，这个挑战才是真正致命的。在过去 20 年，我们发现西方 MBA的报考人数持续下降，MBA 培养模式越来越跟不上时代变迁；以纯基础科研逻辑来发展经世济民的应用学科，自娱自乐之学术风格越来越让研究者失去灵魂；发源于工业革命早期的亚当·斯密分工理论的学科组织和教学组织越来越滞后于社会融合发展。这些挑战已经在侵蚀西方的管理学发展和人才培养，其中所发生的明茨伯格对 MBA 教学的批判、金融危机引发的商学院伦理危机、德鲁克对哈佛和斯坦福商学院的批判，都说明了西方的深刻反省。

那么，我国的商学院呢？自改革开放以来，中国商学院的办学模式一直学习西方，包括采用西方教材、案例研究法、学分制、教学管理模式等。由于学习了别人的经验和做法，我们的商学专业学位项目得到快速发展，但亦步亦趋也把我们锁定于西方商学院同样的轨迹。随着西方商学院开始反省过去的发展模式，我们是否也应该有所反省？

2 交叉学科不是真命题而是伪命题

不论从宏观视野还是微观视野来看，我们必须承认，除了西方商学院的弊病，我们还有自身的弊病。

再看看商学院内部又如何呢？由于商学院本身是嵌入在僵化、不讲究效率的大学组织里面，而且商学院在大学里不太受人喜欢，所以，其他学科内部存在的学术组织、教学组织的弊端，商学院内部也多多少少存在。

这些问题的存在，根本上就是"组织结构与生产关系"的问题。

——大学为什么要开展学科评估？ 学科评估要求每个大学都要接受标准模式，于是学科个性容易被扼杀。

——大学内部为什么学科交叉起不来？ 原因很直观，学科组织细分，学科山头林立，学科利益冲突。交叉本来是个务实的选择，只是因为学科组织不允许交叉而已。只要是交叉学科就没有好结果，发交叉研究论文就难被同行评价者认可！

——商学院为什么难以对管理实践作出快速响应？ 其根本在于学科和教学组织治理上。每个学科先把学科细分，然后给细分领域设计标准，明明社会要求我们融合发展去响应需求，但学科内部在"深挖洞、广积粮"，高筑学科篱笆墙，积累细分领域论文，人才培养上高度专业化，培养出来的人才与现实渐行渐远。

3　学科交叉根本保证是治理重构

数字技术发展给商学院的学科治理体系重塑带来显著的冲击。我们已经注意到，人工智能、区块链、云计算和大数据等新技术、新产业的发展，为管理学科交叉研究和复合教育带来全新机遇和挑战。

治理思维： 数字技术发展重构了教学体系和科研体系。学习模式从"教师为主导"向"学生为主导"转变，教学目标从"单纯强调学习"向"学习与创造结合"转变，教学方式从"知识传授"向"体验式教学"转变，科研模式从狭小领域向跨边领域转变，科研组织从个体探索向有组织科研转变。

学科治理： 加快学科组织向跨学科、跨组织边界的融合模式转变，管理学科发展要拓展空间，根本上要取消学科边界，包括管理学门类的各类一级学科、二级学科，甚至与技术科学、工程科学、实验科学等实现无边界融合。试想，如此学科不就自然交叉了吗！

专业治理： 加快从高度分工的专业结构向融合型专业布局转变。数字技术发展一个显著的趋势是产业融合、组织融合，按照传统工业时代划分专业的培养体系，已经难以培养出符合数字经济系统中产业和社会发展所需要的创新型、领导型人才。商学院重构教学管理的组织模式和治理机制，打破了按照学系设专业的思路，把专业设在学校大平台上，以生态化思路来设计教学目标体系、内容体系、运行体系和保障体系。

目前商学院在教学治理、学术治理、行政治理方面处于大的转型变革期，对商学院的治理体系和治理能力现代化提出了更高的要求。商学院正面临教师队伍建设、人才培养模式、学术治理模式和社会服务模式的新挑战。

教师队伍建设： 要解决好面向科学前沿与面向社会需求之间的平衡，事业编或长聘制等制度要与教师创造力和主动性相协调。

人才培养模式： 要处理好传统以学系为主的专业建设向"平台＋项目"协同专业建设转型的矛盾，处理好专业设置和课程建设相互隔离的矛盾。

学术治理模式： 要处理好"院—系—所"传统科研组织模式与有组织科研模式、交叉科研团队模式之间的矛盾。

学科发展方向： 要解决好传统经典学科、传统优势学科与新兴交叉学科并存的矛盾。

社会服务模式： 要解决好传统考核评价模式与价值导向的考核评价模式之间的矛盾，解决好科层结构治理和平台化、网络化组织治理的矛盾。

4　学科交叉根本路径是开放办学

我注意到，一所高校内经济学院和管理学院都想办 MBA，结果两个单位长期争夺名额，并且这种现象非常普遍。我也注意到，现在商业环境越来越走向开放的生态，即使是同类产品的生产企业之间，也开始差异化定位和战略性协同，竞争企业之间也在探索开放协同的模式。

正如要改革必须要开放，如果不开放是没有办法进行彻底的改革。学科交叉也必须开放，不开放推不动真正大跨度交叉。以商科研究生培养为例，过去五年多个商学院为了避免多头办学、相互竞争，办学单位主动把专业学位项目向经济、人文、公管、工程等学科开放，合作只有一个条件：1+1>2。我注意到，清华大学、浙江大学、复旦大学、上海交大等高校的工商管理专业学位项目通过合作开发"＋数字技术""＋能源""＋人文""＋智造"等课程内容，一方面保持了专业学位教育的品牌化，另一方面实现了学科之间优质资源的整合。

除了学科之间要开放，还应该向外部企业开放。例如，浙江是民营经济最活跃的地方，有一大批优秀的民营企业，这些企业有很多高层次研究人才和管理人才，企业高管的研究能力、实践前瞻都很棒。我们和这些企业合作办项目，通过互聘教授、联合办学等方式，把"商学＋"教育生态系统延展到企业中，共同探索人才培养模式。

开放办学不仅仅要求所有教学项目进一步解放思想，还要求改变办学基本理念，拆掉围墙，拆掉学科，拆掉专业，以开放建学科的思路构建"商学＋"教育生态系统，包括科研体系、教学体系和学科体系。这里以开放办学为例，做好"三个开放"，完成从"关起门来"育人到"跨学科交叉"育人的变革。

第一，开放学科边界。以"平台化＋项目制"为组织架构，建立以平台为核心底座，其他项目全面开放的学科发展模式，实现分布式、交互式、无边界的组织体系。商学院从招生选拔、培养过程、师资建设到资源投入等，全方位都可以开放，通过推进"平台化＋项目制"，把各个项目逼到一线市场去。商学院还可以创建校友发展共同体，整合全社会力量来办学，建立"大学中的商学院"发展格局。

第二，开放教室课堂。商学院要加快实现教学模式的数字化转型，教师要加快从"知识灌输型"教学模式向"智慧启发型"教学模式转变，培养模式要加快从知识型教育向全人型教育转变。未来商学院教授要转化为组织者、协同者和网络中心节点，成为课堂生态体系的领导者。哈佛商学院就曾经历过一场名为"开放式办学"的改革，在成功申请本科学位后，哈佛为学生保留学位，学生可以任意选择何时入学就读，但需要保证一次性读完。如果我们的学生考上大学以后，能够到企业里面待两年，然后再读大学，就能鼓励学生"走出去"，了解企业发展最新实践，这个时候读书就完全是不同的体会。

第三，开放学习平台。当前要开启机器学习的新征程，数字化是不二选择，由此去改变学科模式和管理模式。阿里巴巴创建的达摩院，在全球各地建立实验室平台，雇用全球数百名顶级科学家，关注数据智能、物联网、量子计算和人工智能等领域。商学院也需借助"数字＋"来推动组织学习模式变革，与工科一起建联合实验室，与数字企业一起建"数智创新与管理"交叉学科实验室，构建以商学为核心，与工程科学、实验科学、数据科学、人文科学交融的"1+N"实验室体系。

只有时代的商学院，没有不变的商学院。商学院的革新是个持续、坚守的过程，要冲破传统藩篱的束缚。为了不被时代淘汰，体制内的商学院必须尽早为革新做好准备。

第三章

商学教育模式再塑造

09 ｜ 构建"商学+"教育生态系统 [1]

　　"商学+"教育生态系统是数智时代建设平台化、生态化、开放化管理学院的基本逻辑。早期，建立"商学+"教育生态系统，主要是服务于教育教学的，生态节点最主要是指多样性的学生。后来，对处于学科交叉场景下的商学研究，"商学+"逻辑也是完全适合科研和学科发展方向的。"商学+"教育生态系统内的节点不仅仅是编制内的教师和学生，还包括整个大学的全部学科、外部合作企业、各类社会组织。由此，通过推进商学教育、商学教学、商学研究、商学实践等全方位的开放体系，学院组织体系实现平台化、生态化变革。浙江大学管理学院"商学+"教育生态系统的推出，引起国际国内商学院的关注，2024 年教

1　本文是我在接受《经理人》杂志、中国教育网、腾讯网等多个媒体采访的基础上整理而成的，主要思想与《"商学+"教育生态系统：商学教育浙大方案》是一致的，并有补充修改。2022 年，*Management and Organization Review* 主编要我写文章回应卡尔·费（Carl Fey）的主题论文，我把跨学科研究纳入"商学+"教育生态系统的内涵中，算是一种突破。大家有兴趣可以看文后附录：Introducing "Business Plus Education Ecosystem" as a Commentary to Carl Fey.

育部专业学位认证会议上，多个商学院院长的主题报
告也是分享他们的"商学+"办学模式。

从没有一个时代的科层组织形态像今天这般受到冲击，从没有一个
时代的资本扩张模式像今天这般凶猛，从没有一个时代的管理范式像今
天这般被颠覆。

今天，到底是个怎样的时代？边界模糊、学科开放、生态融入……
今天，我们身处一个生产力和生产关系大变革的新时代。以商学研究对
象的创业团队看，一个创业团队从创业开始，可以用短短三年时间把创
业公司建成市值超 300 亿美元的企业；再以企业组织看，今天可以出现
市值破万亿美元的企业，这样的企业如果作为经济体，可以进入全球前
10 位。今天的产业组织正在颠覆我们对传统组织的认知。那么，在现
实管理世界、管理对象、管理手段发生巨变的数字时代，组织究竟具有
怎样的演化规律？这样的组织到底需要怎样的人才？商学院到底该如何
培养人才？

1 数智技术开创怎样的管理世界？

Chat GPT、元宇宙已经成为普通大众的谈资，今天，我们正在穿越
到人机交互合一的智能世界。我们发现，管理对象除了传统的人类，还
有智能机器；管理客体可以是员工个体，也可以是群落、部落和生态；

雇主雇员间关系从雇用变成合作，共同在平台上创造价值；管理场景从单点封闭走向连接集成，走向商业、科技、管理的融合协同。

这个过程可以从人类经历的四次工业革命反映出来。第一次工业革命出现了机器，出现了人与人的分工，出现了行业细分和管理分工，出现了规模经济和范围经济。第二次工业革命出现了电力技术，世界因此被打通、被连接，世界变小了，出现了跨国家边界的产业合作，出现了个体跨国流动，出现了规模性企业，典型代表是福特汽车，每年可以生产超过十万辆汽车，这是管理的革命。第三次工业革命是互联网和信息技术革命，个体从工业化大生产中解放出来，出现了个体的自由职业和自我解放，出现了一大批产值巨大的互联网企业、数字企业，出现了没有产业边界、组织边界和地理边界的经济组织。而第四次工业革命则是人工智能和数字技术革命，出现了 ABCD（Artificial Intelligence 人工智能；Block Chain 区块链；Cloud 云计算；Big Data 大数据）+5G（数字基础设施），数据成为生产要素，依靠数字技术实现人机共生和价值共创，个体运用分布集成、网络连接、虚拟现实等进行群体性学习，出现了数字技术和商业模式、管理模式的全新组合。今天，数字企业组织内部管理与被管理的关系已经"翻转"，传统科层组织中的领导与被领导关系已经"颠覆"，董事长、总裁不再是发号施令者，而是资源供给者和创业服务者。

未来数字世界可能呈现现实物理世界、虚拟数字世界、脑机连接元宇宙世界并存的状态，数字生态系统成为全新的经济组织图景。那个时候，人的活动空间再也难以被组织边界所束缚。

2 数智时代管理者需要怎样的素质？

不管是 ABCD+5G 还是全球化、地球村，不管是互联网革命还是数字技术革命，都对管理者提出了颠覆性要求。举几个例子，管理者如何去治理电子商务单日交易背后的数据？管理者如何去建立数字全球化下的交易规则？管理者如何去构建全球化的数字基础设施？管理者如何去控制没有产业和国家边界的经济世界？

要回答这些问题，我一直主张要从底层个体行为和组织行为去思考。我认为，当产业组织呈现"平台嵌套＋微粒组织＋个体劳动"新结构时，个人生产力越来越解放，组织越来越成为社区共同体，组织和个体之间越来越成为合作伙伴关系。这种组织生态呈现如下特征。

第一，巨型组织和小微组织共生。在四元世界中，不同个体会寻求共存的新方式，人类可以在不同"世界"穿越，在虚拟世界自由生长，在元宇宙与智人共同生产生活，人类会追求更大的自由和自在，在松散的共同体和部落化组织中共存共生，那么，管理者在这样的体系中需要具备什么素质？

第二，管理对象的人智交互共创。数字平台和数智组织的出现，促使管理者设计新的管理模式，让内部人与外部人同样被激励，同样受法律保护。人与智能机器共创价值、共同创新时，需要建立新的人机交互、人智协同的价值创造和成果分享机制。当组织内部项目化管理、人单合一等管理模式成为主流形态时，需要管理者控制好小微组织和大企业间的关系。

第三，管理主体的自身能力演化。数字时代管理者的核心素质发生了显著变化，美国做过一个调查，数字时代管理者有三大基本特征：一是复杂问题的思考和解决能力（complex problem solving）。当管理上万松散耦合的员工时，系统背后的逻辑应如何设计？公司能否把所有成本部门全部取消，只剩下创造利润的部门？如何建立虚拟与现实皆适应的组织体系？二是批判性思维（critical thinking）。管理者要去洞察管理场景条件、对象条件、要素条件等，从"科学家做管理"的学术思维转型为"企业家研究管理"的实践思维。三是创造力（creativity）。管理者只有拥有创造力，才能有批判性思维，才能有效解决复杂问题。

　　因此，从管理主体和管理对象这两个层面看未来数智时代的管理者素质需求要素，我认为，商学院要建立新的人才培养体系，打造有智慧、有思想、有能力改变世界的复合型人才，打破商学院的专业边界。

　　众所周知，专业的概念建立于大工业时代、后工业时代的高度分工和标准化生产，而在四元世界中，行业产业边界越来越模糊，生态也越来越开放，商学院人才培养教育若继续以专业"自设边界"，无疑是故步自封、脱离时代之轨。商学院必须拆掉专业与学科的篱笆，打造商学、数智、科技融合的跨边界理论体系，创新人才培养模式。为此，作为以培养引领中国发展的健康力量为己任的商学院，浙江大学管理学院提出了"商学 +"人才培养理念，构建了"商学 + 人文 + 科技……"的"商学 +"教育生态系统。

3　何谓"商学 +"教育生态系统？

　　所谓"商学 +"教育生态系统，主要是通过"商学 + 人文 + 科技……"

实现学科交叉融合，将各学科的智慧与思想汇聚，为学生提供一个涉猎不同专业和学科知识的全方位平台。在这个平台，专业的比重被削弱，学生除了学习管理，还可以学科技前沿、人文哲学、经济法律等其他各个专业的课程。

大学专业教学是牵动人才培养系统运转的抓手，而本科教学的改革是最基础的，必然会带动整体资源和运作机制的调整。因此，浙江大学管理学院构建"商学＋"教育生态系统，是从本科教学改革开始的。本科生培养是大学教育的基础，只有让学生在本科阶段经过全面塑造，对世界、社会和人文产生高度敏感性，才能跳出行业、跳出专业、跳出自己，以更高的高度思考问题。于是，学院在 2017 年 9 月确立了"培养德智体美劳全面发展，富有人文精神与科技洞见，通晓商业规律和管理理论，具有全球竞争力的高素质创新创业人才和商业领导者"的本科生培养目标。

要实现这一目标，学院需要从师资、学科、课程、实践等诸多维度精准配置资源，服务新的人才培养体系。为此，学院按照"商学＋科技＋人文"的逻辑，以融通管理理论、科技洞见和人文精神为基本思路，大刀阔斧对原有专业"开刀"，"砍"掉不相关的热门专业，提炼萃取，把 8 个过度细分专业优化为工商管理、会计、信息管理与信息系统 3 个"商学＋"形态的专业，在全面推行通识基础上实施"全人培养"。

调整后的"新专业"，最大的特点是知识面宽了，体现了"一横做基础，两条腿走路"的培养思路。"一横"代表知识面，"两条腿"则指专业基础和科技素养。一方面让本科生扎实掌握专业知识；另一方面增强统计、经济、计算机等科技素养，用科教融合的方式加强本科生研究能力的培养。

4 构建"商学+"教育生态系统是大势所趋

中国商学院要瞄准未来培养人才，就不能把培养"能够毕业后就业的专业人才"作为目标，否则终将被时代所淘汰。培养数智时代所需要的人才，当务之急是要打破学科和专业边界，因此，建立"商学+"教育生态系统是大势所趋。唯有如此，才能培养出有思想、有智慧，能够改变中国、改变世界的复合型人才。

为此，浙江大学管理学院依托母体最完整的综合学科优势，与人文学院、法学院、计算机学院、信电学院、农学院、医学院大跨度合作，在本科、专业硕士和应用型博士的培养模式变革中，将专业、学科的边界打开，与各个不同大类的专业进行对接，创新性推出各类新培养项目。

例如，MBA项目在全国第一个开设了医疗管理方向，整合了医院管理、医学领域、相关企业等资源，经过五年建设，成为深受学生喜欢的特色优势方向。再如，新金融方向将金融科技与财务融合起来，培养绿色金融、科技金融的人才，形成了创业金融的人才群落。EMBA项目创新了整合培养方案，推出了一系列诸如"浙商精神""管理哲学"的"商学+人文"课程、以对话院士等为形式的"商学+科技"课程和围绕国之重器展开的"商学+工程技术"课程。对于培养应用型博士的企业家学者项目，则以"商学智慧"为核心，融合科学、技术、经济和哲学，探索跨界培养的新体系，得到了社会的高度评价。

由此，"商学+"教育生态系统盘活了整个管理学院，协同了学校的优质资源。工业时代尚未远去，数智时代正在到来，未来20年将是中国从"追赶者"到"超越者"的转型期，只有走在人才培养模式变革的前沿，才能做到"任尔东西南北风，我自岿然不动"的新境界。

10 | 推行项目制人才培养组织模式 [1]

> 商学院的人才培养体系是非常有独特性的，主要反映在学生的多层次性、多样性、多领域性。如何在一个规模有限的商学院里培养好深具差异性的学生，需要我们创造性探索人才培养的组织体系。经过深入探索，我们全面推行项目制人才培养组织模式，把课程、教材和相关教学环节实现模块化建设，依靠项目团队的组织机制，实现教师、课程、教材、环节的动态组合，既激活每位教师的积极性和创造力，又实现培养不同类型的创新型、领导型人才的目标。

目前，国内工商管理专业学位办学单位基本执行"1 个项目 + N 个班级"的架构设计培养体系，N 个班级的培养目标和培养方案是统一的，只是因为班级学生数量的限制，拆分为多个班级而已。也有部分高校由于国际合作办学的需要来开发专门的合作项目，但不涉及国内的学生。

---

1 本文的方向是我在推动"商学 +"教育生态系统建设过程中，不断思考完善的教育生态系统的教学组织管理体系。该体系打散了按照学科设计教学项目的组织结构，形成跨学科"项目组"的教学管理模式。我曾根据本文在吉林大学、上海财经大学、中国管理现代化研究会等高校和学会的年会上有过 10 多场报告。

本科生和研究生的培养也是如此，几乎每个高校的专业名称、定位、课程、环节都是一样的。为了改变这种局面，需要探索新的教学组织模式，项目制是深化教学管理组织变革的有效形式，通过"平台化＋项目制"的系统设计，既强化人才培养的差异性，又深化教学组织的集成性。

1 探索"平台化＋项目制"的教学管理模式

浙江大学管理学院自 2017 年提出围绕浙江大学的人才培养目标，把构建"商学＋"教育生态系统作为人才培养模式改革的核心，根据本科、学术硕士、专业硕士、学术博士、专业博士不同定位，把五类培养对象分解为 17 个项目，其中，本科 3+1 个，学术硕士 2 个，MBA 8 个，EMBA 2 个，DBA 1 个。学院对不同培养对象提出了明确的定位。

——本科项目定位：培养"具有国际视野、创新能力、创业精神和社会责任的创新型、领导型人才"。本科项目充分发挥学校学科齐全、实力雄厚的优势，全面落实"管理基础＋科技洞见＋人文精神"思路，设计交叉培养方案。

——学术硕士项目定位：100% 的全过程国际化培养，培养在全球一流企业创新创业的高层次人才。

——MBA 项目定位：以"商学＋科技＋创业"思路，培养创新驱动型创业人才和优秀职业经理人。

——EMBA 项目定位：以"商学＋科技＋领导艺术"思路，培养科技创新型企业的董事长、总经理和总设计师。

——DBA 项目定位：以"商学＋金融＋哲学"思路，培养有思想的企业家。

——博士项目定位：100% 的国际联合培养，培养"具有国际竞争力的学术型人才"。

经过学院全体老师的共同努力，按照"项目制"方式，全面改革教学组织体系和教学管理体系，探索出了"平台化 + 项目制"的组织模式、"项目主任 + 行政主任 + 班主任"的"铁三角"项目管理模式，调动了全体老师的主动性和创造性，从教学组织模式和教学管理模式的底层逻辑出发，推进"商学 +"教育生态系统的落地。

2   打破专业边界，本科项目着力通识化培养

国内高校本科生教育存在一个严重的问题，那就是把专业分得非常细，导致学会计的学生毕业后只能做会计，学营销的学生毕业后只能做渠道。如果追溯本科专业设置的起源，发现这是工业化发展的产物，工业化强调产业分工和专业化合作，于是把一个综合型管理问题拆分为零零碎碎的专业。这种格局肯定难以培养出真正的高层次领导者。不妨去观察一下管理实践中常见的有趣现象。

——很多成就卓著的政治家、社会活动家、企业家和管理科学家，其本科读的往往是理工科。他们在本科阶段打下了严谨的理工科思维，读研究生时再学经济、管理等社科专业，这样就具备了复合型思维能力，极有利于他们的长远发展。

——很多社会短期需求越大的专业，报考人数越多，"状元就越密集"。如果双一流高校、985 大学把"能找到工作"作为本科办学成效

的指标，过度强调"短期就业导向"，就是教育资源的浪费、人才资源的浪费，是对学生的误导、对社会的不负责任。我曾说过，"如果一流大学培养学生的目的是就业，那不如办成职业学院"。

——广泛兴起的企业办大学和社会办大学，正受到很多企业家与管理实践者的青睐，这些人中不乏非常优秀的知名企业家，这些"三无"（无学历教育资质、无学位教育资格、无系统培养体系）商学院为什么如此打动实践界高层管理者？反过来，为什么一些一流大学录取的非常优秀的学生，经过四年培养走向社会后，他们的市场竞争力还比不过那些普通大学的毕业生？

对于这些现象，我们可以"以终为始"去思考：什么是人才培养的使命？当下的培养模式是否符合使命导向？如果忘记了基本使命，名校培养出来的学生，其适应社会的能力可能还不如二、三流大学的学生，其中，最大的不足就是综合素质的不足。在数字化时代，产业高度融合、学科深度交叉，过度细分的本科专业不适应复合型人才培养之需。当我们去观察真正的全球一流企业，会发现他们并不在意人才的本科专业学的什么，他们更在意的是个人的综合素质、创新能力、毕业院校等，因为学习能力才是发展之根。

对于一流大学来说，当然应该把培养复合交叉的创新型、领导型人才作为目标，当然要推进跨学科培养。为此，必须改变"把本科专业建在学系上"的传统办学模式，而应把"专业建在学校大平台上"。如果在学系基础上建专业，就一定会出现"山寨专业"。那么，怎么把专业建设在学校大平台上？这就要由跨学科项目团队去支撑，由项目团队去打破专业边界，实行"通识培养"，落实"商学＋科技＋人文"的培养方案。

厘清了逻辑思路，浙江大学管理学院下定决心改造本科项目，自2018 年起，大胆"瘦身"本科专业，拓宽专业结构，优化课程结构，让最优秀的老师去培养本科生。以会计专业为例，我们培养的一定不是传统会计人才，而是在互联网、大数据和人工智能背景下，真正从财务、资本运作和融资的角度去思考，是可以做 CFO 的人才。为此，课程融合了经济、会计、财务、战略、互联网金融等多学科知识，颠覆传统，目的就是培养能够满足时代发展之需、全面发展的复合型领导者。

3 打破传统认知，研究生项目聚焦特色培养

大多数商学院中，专业学位硕士项目的人才培养目标和培养方式具有极强的相似性，都是为了培养满足中国管理实践所需的高层次管理人才，不同之处仅仅是毕业学校不一样。对于不同类型的研究生，培养模式也差不多，只是学生的年龄和经历的不同。如，EMBA 学生比 MBA 学生年长些，专业学位学生比学术学位学生工作经历丰富些，仅此而已。

这样的培养传统显然不适应时代之需。在经济社会发展模式和技术发展水平快速变迁的今天，如果高校培养模式不与时俱进，就不可能培养出与时俱进的人才；如果不同高校培养出来的研究生，其专业知识和能力结构差不多，那这些硕士项目就没有特色，就无法培养出具有核心竞争力的人才。

以工商管理专业学位为例。目前的主流管理学诞生于工业时代，是在社会大分工的基础上发展起来的，因此，管理教育体系按照工业时代

的分工逻辑而设计。例如，把财务、会计、审计作为三个独立的专业，把研究开发、生产制造、市场营销设为三个独立的功能，把人力资源、财务管理、市场营销等设为独立的课程，这种设置的基本逻辑是培养"职业管理工人"，希望学生毕业后，能够胜任人事、财务、营销等岗位的工作。

问题是，今天的产业模式跟过去分工模式已经不一样了，这些不同功能、不同岗位越来越融合在一起，过度细分的培养模式越来越不适应实践需求。我们发现，今天企业最稀缺的人才是全球型、创新型和综合型人才，为此，亟须把"商学+"能力素质和全球化培养相结合。基于这样的认识，浙江大学管理学院把高级工商管理硕士项目定位为培养企业总设计师、科技型企业家。

那么，如何给企业总设计师、科技型企业家画像？一般而言，他们是企业创始人或者管理岗位一把手，他们是需要系统思维、科技洞见、人文精神、社会责任的。那么，目前的培养模式是否适应企业总设计师的培养要求？显然很不够。以金融业为例，过去金融业以传统金融人才为主，今天，金融业的总设计师大多是高层次人才，需要有数字技术基础，懂得行业和科技发展趋势，因为今天的金融业需要大数据、云计算支撑，需要分析和处理海量交易数据，需要理解或者懂得产业发展规律。显然，传统的金融人才是无法胜任今天数据时代要求的，这就要求今后的金融人才培养，能关注企业技术创新思维的形成，能聚焦企业家创新精神的提升，能把愿景使命、行为习惯、国际交流等融入企业家精神的培养。

4　理论与实践融合，DBA 项目培养有思想的企业家

博士类项目，全日制学术型博士的培养，自然是以学术研究为导向，持续输出能够服务国家重大战略需求、"把论文写在祖国的大地上"、有责任感的学术研究型人才。而 DBA 学生则需要以理论与实践融合为导向，把自己培养成有思想和洞察力的企业家，而不仅仅是一个会赚钱的人。DBA 的培养和 EMBA、MBA 的培养有着本质上的区别，EMBA、MBA 的学习是大家相互学习、以应用为导向的学习，不需要形成自己的理论。但 DBA 项目则要有扎实的理论基础，因此，我们把 DBA 定位为"企业家学者"，要把思考、理论、实践和方法结合起来，通过小范围研讨，共同思考未来管理实践背后的规律性问题，因此，DBA 培养需要设计群体研究型学习机制。

那么，怎么才算有思想的企业家？抽象地说，就是有自己独到的管理智慧，有深度的实践洞察，有系统的管理体系。具体地说，就是类似于张瑞敏、宋志平这样的人。张瑞敏提出并发展了人单合一理论，宋志平提出了三精管理理论等。国外，泰勒提出了科学管理理论，福特创造了生产线理论，丰田创造了准时生产制理论……这些人在系统解决企业管理实践的同时，也在为人类贡献管理智慧。

按照上述要求定位，DBA 项目设计时，就应强调项目理论与实践的对话，项目主任应着重培养学生的理论思考、学术素养、批判思维和实践洞察等能力。为此，DBA 项目团队需要将战略型企业家、高水平学者和人文学科专家组合起来，联合设计课程体系和培养环节。我们明

确要求，这个项目的人才培养定位要有五个要素：一是有谦卑心的实践者；二是有学习力的管理者；三是有人文底蕴的经营者；四是有自我认知的反省者；五是有管理智慧的升华者。

11 ｜ 创业教育不要搞运动，要回归本真！ [1]

> 教育乃百年大计，风起云涌的创业热潮似乎昭示了万众创业已成为国民风尚，而运动式的"创业教育"也俨然成为每一所高校的时髦，正所谓"忽如一夜春风来，千树万树梨花开"。现在问题是，梨花是盛开了，但梨子能否结下来？能否长大成熟？长出的果实真的好吃吗？中国商学院要搞好创业教育，首要问题是搞清楚我们需要什么样的创新创业人才，我们究竟要做好什么样的创业教育。

1　创业教育应培养创新型创业人才

要搞好高校创业教育，首要问题是搞清楚国家需要什么样的创新创业人才。我们在 2018 年做过一个比较，分析中美青年创业者的特征，发现美国青年创业者的平均年龄是 26 岁，主要在数字技术、互联网、

1　本文是我在 2020 年 12 月 8 日接受《环球时报》采访的稿子的基础上，适度修改而成。本文也是我在 2020 年全国创业管理论坛上作的主旨报告。本文发表后引起媒体的反响，主要是我提出的"创业教育不要搞运动"的观点引起全社会关注，有关部门还专门电话询问能否改标题，本标题是原题。

生物制药、新能源、媒体等领域。我国青年创业者的平均年龄是 28 岁，创业扎堆在互联网、小商品零售、培训等，由此可见差别。

再看青年创业者在做什么创新？别人是从技术、产品、服务创业入手，创业者以打破行业固有的格局去着力，改变的是生态。我们更擅长从应用入手，做商业模式创新，擅长"互联网 +"。

那么，中国到底需要什么样的创业者才能实现创新驱动创业？我们究竟需要什么样的企业家才能让我们实现创新驱动发展？不妨思考：如果我们多出几个任正非，中国的创新驱动发展道路会是怎么样？

这些年，华为每年投入过千亿元开展研发和创新活动，长期保持 12% ～ 15% 的销售收入投入研发创新。如果企业沉浸于研究商业模式，按照"羊毛出在猪身上，要牛买单"的操作去做企业，如何走出低层次竞争？怎么引导大量中小企业跳出红海，寻找蓝海？如何让我们的行业走出价格搏杀、同质模仿？

再看金融业格局。中国金融企业最好做，也最难做。最好做是因为垄断与保护，金融业利润 80% 以上仍来自存贷利差。最难做也是因为垄断与保护，因为竞争的不平等、制度的不平等、机会的不平等。正是因为我国金融市场的某些特色，企业规模到了一定程度，都想去啃这块肥肉，结果呢？在如此低效的金融体系内，产生了最赚钱的金融机构；尽管金融企业有如此高的呆坏账率，仍能活得风风光光。当企业纷纷转向赚快钱的行业，还有谁潜心搞实业，搞技术创新？

所以，国家要建设创新强国，实现创新驱动发展，高校作为"百年树人"的组织，不能拔苗助长、短期眼光，美其名曰"培养创业人才"，实际是为了追求短期利润最大化或仅仅是为了自谋职业。如果高校把大学生当作短期就业的劳动力，谁会真正培养"创新驱动型创业人才"？大家一定要保持清醒的头脑，创业人才不单单是做生意，不仅仅是短时间内弄个小公司自谋职业，而是要好好地全面积累能力，能够在毕业10年、15年后，凭借技术和社会资源，开创国家创新发展需要的企业。

2　创业教育存在的误区：创业教育运动化

美国著名投资人、PayPal 创始人 Peter Thiel 认为，那些风投为了谋求短期快速利润，只敢投资轻量资本的企业，导致人类几十年以来在比特层面进步很大（互联网），但在原子层面进步很小（尖端科技）。这句话也同样适用于中国大多数以赚快钱为目的、摒弃实体经济而扎堆互联网领域的创业者。而这类"小老板型"创业者的大量出现，与当下创业教育存在的问题息息相关。目前我国创业教育存在的误区主要有以下几个方面。

第一个误区，就是所谓的"万众创业"。创业从来都不是一件容易的事，95% 的创业公司都会倒下，互联网公司的平均寿命只有 3 年。很多人看了一些励志书、一些成功故事，立刻热情高涨，脑袋一拍就想创业，但事实上，他们一没资源，二没人脉，三没资金，会有多大成功的可能性呢？真正的科技导向型企业并不是万众去干的事，而是要有相当长时间的经验和技术积淀。我 1999 年就与几位老师联合创办了"创新创业强化班"，办了 25 年，培养了 1 000 多名学生，这个班的学生本科毕业创业率不超过 3%。今天，我们欣喜地看到，早期毕业的学生经过十多年的磨炼，开始显露出来，一批技术型企业完成了多轮融资，已经有五家企业成功上市，这帮学生真正走上了创新驱动的道路。

第二个误区，"纸上谈兵式"创业教育。创业技能要依靠实践的积累和领悟，过分强调课堂教学，带来的只是坐而论道，对塑造学生的创业意识和培养学生的创业能力无济于事。目前大部分高校提供的创业教育依然以课堂教学为主，缺少与现实创业环境的深度融合。承担创业教学的教师几乎都缺少创业实践，对创业的本质和过程往往也领悟不够，这些导致当前创业教育"纸上谈兵"现象重重。由于教师是纸上谈兵，所以创业课程教的内容跟不上时代，还在讲怎么融资和注册公司，怎么通过"互联网+"把东西卖出去。事实上，这些常规的课程内容只需创业者去开个公司、走一遍流程就都会了，完全不需要985、双一流高校的商学院花时间和精力去专门教授。

第三个误区，过度创业教育是人力资源的错配。现在要求985、双一流高校都去办创业学院，鼓励学生本科毕业去创业，这是很可笑的，也是一种资源浪费。试想一下，如果连高水平大学都去办创业学院，学生毕业后都去创业了，谁来坐10年冷板凳？谁来做科技创新？谁来关注科学和技术人才培养？一毕业就创业，创什么业？靠什么创业？有什么市场营销头脑？靠什么融资渠道？

第四个误区，全国"一刀切"搞创业教育。不管东部、南部，还是西部、北部，都一个模子去建创业学院、上创业课程、组创业比赛、搞创业评价，这实在是很可笑的事情。例如，东北创业教育怎么教，与东边、南边就很不一样。我一直认为浙江不应该在大学去培养创业人才，因为浙江的创业已经过度了，大学老师们就不要推波助澜了。浙江这块土地上的人民，对创业是有历史基因的，不用在大学里培养，更不能跟着搞运动。我认为虽然大家都去创业，对创新却是动力不足。

创业教育一定要冷静、冷静、再冷静，因为今天迫切需要的是以科技创新为基础的创业，这种创业没有 10 年的打磨是做不出来的，有几家制造企业在 10 年之内成为创新型企业？又有几位学生依靠源头技术创新在 10 年之内把企业做成功？

3 究竟需要什么样的创业者：SEI 型人才

改革开放以来，中国的经济发展起步于对发达国家技术的学习与模仿，中国的经济腾飞得益于对国外技术的消化、吸收、再创新，未来，中国的强大将依赖于原始技术创新。当下，我们国家特别需要一群有战略眼光、视国家崛起为己任的创业者。我把具有战略创新思维、核心技术导向，能够推动经济发展、改变产业结构的创业人才，称为战略型创业人才。

针对"如何培养出与国家战略需求相符合的战略型创业人才"，我提出了战略型创业人才的 SEI 画像。所谓 SEI 型创业人才，第一，要有长远的创业战略思维（strategic thinking），国家需要战略导向的创业型人才去改变产业结构和发展模式，从而通过战略创业实现创新驱动发展。第二，要有企业家精神（entrepreneurship），要有使命和情怀。创业者不能只去追求短期的快速利润，而要有改变产业经济周期的勇气。第三，要有颠覆性创新的追求（innovation），既要具备科学素养，通过创新来颠覆传统产业，又要能引领技术发展，助力中国成为全球创新高地。

按照上述逻辑，SEI 型人才就是具备战略思维、企业家精神、创新能力三方面特质的人才。实际上，同时具备这三方面特质的人才是很少的，更多情况应结合不同学生特点来设计培养方案。例如，第一类是具备 SE 特征的学生，他们有战略眼光和企业家精神，有拼劲，但是创新不足，我们就要指导他们如何整合和发挥科技人才的作用；第二类是具备 SI 特征的学生，他们有战略眼光、有创新精神，但不会创业，对这样的人，应该培养他们的合作能力，鼓励他们整合资金资源，利用别人的市场意识和创业意识去创业；第三类是具备 IE 特征的学生，他们有创新精神，也愿意去创业，但缺少战略思维，可以发挥功能专家的作用，培养他们做配合者的能力。

如何培养 SEI 型人才是创业教育的挑战。比如，从战略层面要思考这样的问题：如何培养学生的战略意识？创业者的使命是什么？创业者的价值体现在哪里？创新驱动型创业者需要什么样的能力？创业者需要什么样的团队？这就是战略课程要回答的问题。再如，培养企业家精神，这是需要勇气的。从死亡谷理论（death valley）看，从产生技术创意到最后创业成功，比例不超过 3%，70% 在形成样品阶段就失败了，90% 在试销阶段就失败了，成功率能达到 5% 就很好了。

3   创业教育要回归本真：创新为本

步入 21 世纪，我国已经进入创业 4.0 时代（创业 1.0 是 20 世纪 80 年代的生存型创业，创业 2.0 是 20 世纪 90 年代的低成本导向型创业，创业 3.0 是最近 10 多年的国际跟随型创业，创业 4.0 则是创新引领型创业）。新时代的创业教育也要转向 4.0 版本，这样才能使盛开的梨花结出香甜的果实，这个果实需要教育界与实业界共同栽培。

首先要坚持"使命导向"，要对创业的学生讲人文精神，讲文化、讲哲学、讲中国的社会历史责任。通过倡导学生胸怀天下，鼓励创业者肩负起推动中国经济发展的历史使命。

其次要坚持"创新为本"。企业家精神中要嵌入创新基因，倡导以创新为基础的创业教育生态，培养学生的引领性科学素养，提倡通过创业活动来寻求重大的技术创新和商业模式变革。鼓励本科毕业生继续深造，掌握技术后再进行创新驱动的战略创业，不断改造升级创新驱动创业的生态。

再次要坚持"产学合作"。企业与学校应成为创业教育的泛共同体，相互协同，鼓励优秀的学生到创新型企业中去，到国际化企业中去，让接受过良好的企业家精神教育的学生，去奉献自己的聪明才智。通过产教融合，共同为 SEI 型创业人才的培养提供良好的环境支持。

最后要坚持"情怀为魂"。创业教育要与时俱进、开阔视野，教师也要提升自己的创业认知和技能，不断提升创业教育效果。教师还要积极探索创业教育模式，引导学生融入真实的创业实践来全方位提升创业者的综合素质。

对于我国的高水平大学来说，要把培养创新驱动的创业人才作为使命，建议按照 SEI 思路去创新培养模式，不关注眼前本科阶段是否去创业，而是关注长远，把战略、精神和能力结合起来，培养能服务我国创新驱动创业的人才。

第四章

Chapter 4

商学研究范式再变革

12 ｜ 有组织的科研：管理研究范式再造

　　工商管理学属于社会科学门类，社会科学是回应社会需求的学科，社会需求问题是复杂的、多元的，需要众多学科和学者共同协作研究解决方案，因而，工商管理学科需要开展组织型科研。虽然，管理领域有的问题单个个体是可以解决的，但大量现实问题仅仅靠单个学科或者个体力量是解决不了的。尤其是随着数字技术和社会经济的发展，问题越来越复杂，越需要来自五湖四海的多学科专家合作解决。中国商学院得益于改革开放，过去几十年超速发展。而今，我国的改革创新进入深水区，但传统的科研模式仍陷在"为研究而研究"的僵化中无法突破。要走出传统僵化的科研范式，探索与时俱进的有组织的科研新范式，亟需变革科研组织体系、评价体系和激励体系，本文就如何推动"问题驱动型"跨学科研究做初步思考。

1 重大需求牵引的基础研究依靠有组织科研

解决国家、区域、产业和企业多层面的重大需求，是作为国内一流管理学院应有的使命和责任。为什么强调重大需求的多层次性？因为管理学科的研究，既要解决国家和区域发展需求，也要解决产业和企业重大需求，而且今天的企业已经是全球化、大规模的市场主体，面临的问题也日渐复杂且重要。进行过这些现实问题研究的应该都清楚，这绝对不是某个学科方向的工作，重大需求是没有学科边界的，跨学科、问题驱动的有组织科研就成为必需。重大需求牵引跨学科基础研究的现实必要性如下。

一是科学规律的演变。当今是运用复杂理论来解决复杂问题的时代，我们面对的研究对象日趋复杂、参与者日趋多样、问题解决方案日趋系统。特别是以信息化、智能化为牵引的第四次工业革命，科学研究重心向下游应用端移动，要求有组织的科研来解决现实问题。

二是科研范式的转型。科研是一个研究型大学的根本性制度，基础研究与应用研究交融成为技术科学活动的主流范式。长期以来，基础研究与应用研究是有边界的，而今纯基础研究活动的规模相对于应用研究在递减，基础研究与应用研究的边界在缩小，这推动了科研范式从线性模型向巴斯特四象限模型转型，科研范式转型自然驱使组织模式转型。

三是学科范式的转型。学科分流走向学科交叉、学科融合，无边界学科正成为主流范式，推动离散式学科向分布式学科转型。对管理学科来说，无论是复杂问题解决还是活动组织管理，其效率越来越高，传统的纯粹自由探索式和长周期跟班式基础研究，在高效率的需求面前已经严重滞后，迫切需要向"使命导向型"或"问题导向型"转型，迫切需要跨学科边界的团队来集体承担任务。

2 管理学科处于学科重构的前机遇期

学科是对学问的一种分类，而学问是个既抽象又具体的概念。所谓抽象，是指这个概念描述的不是有形的、客观的形态，即学科不像专业、学系、课程那样呈现一种可见的存在，而是一种"无形学院"。所谓具体，指的是学科建设基于科研队伍、科研项目、学位点、实验平台和研究成果等具体形态之上，是具象基础上的抽象。按照学科的概念来演绎，无形的学问是不应该有边界的，学科也是难以分类的，人们只是为了便于交流和管理，刻意给学科划个边界。但是，一旦给学科划了边界，麻烦就来了，企业理论究竟属于经济学科还是管理学科？为什么统计学属于理学而不是社会科学？可见，学科的边界划分真是个"麻烦"的东西。试想，如果没有学科边界，还存在跨学科问题吗？如果没有学问边界，还需要划分专业吗？

前面还只是学理逻辑上的说法，如果回到实践中去，要解决复杂的管理问题从来就是与学科分类不搭界的。例如，要解决 AIGC[1] 应用的问题，究竟是计算机、数学、人工智能、管理等哪门子学科的事情？毫无疑问，AIGC 是建立在知识大融通基础上新一轮科技革命突破的结果，是建立在制度和政策大融通基础上产业发展模式颠覆性变迁的结果，是

---

1 AIGC，AI generated content，是利用 AI 技术自动生成内容的新型生产方式。

经济和社会发展到一定阶段后物理世界、人类世界和智能世界融合的结果。知识大融通的基础在于学科交叉、科教融汇、知识融合，在于自然科学、技术科学、社会科学和人文科学的融合。

科研活动是属于学科建设的一项具体活动，科研活动必须遵循学科内涵和发展趋势，因此，变革科研体系也自然成为题中应有之义。既然学科在走向融合，科研体系变革的主线当然应该服务于学科融合，科研活动应该以各类学科活动的边界突破为根本，以响应无边界认识世界、改造世界之需。

那么，管理学科目前是怎样的局面呢？我认为管理学科基础研究在过去几十年进展不大，作为基础性学科的心理学、经济学进展缓慢。但是，随着脑机智能的发展，虚拟世界、元宇宙的到来，社会学正在迎来春天，认知科学有待喷发。在如此时期，管理学科的研究范式就需要提前转型，需要把管理学、社会学、认知科学、心理学等融合起来，直面脑机融合出现的"新人类"、数智世界出现的"新社会"，建立跨学科的基础理论（认识论和方法论）。

在学科基础上，数字科学已经成为管理学科的基础。管理学科出现了基于兴趣、应用、数据及算法的混合驱动模式，来面对基于虚拟现实、智能世界、元宇宙的多元现实场景，自然地，大数据模型、计算机仿真模拟、智能计算就成为管理学科的基础。在学科思想上，数字社会发展引致管理与经济、人文、法律、制度、传媒深度融合，出现了数字经济、计算政治学、数字社会学、数字传媒和数字法学等社会科学新范式，为管理学科提供新的思想基础。

3 管理学科该建构有组织的科研体系了

我以 2023 年提出的浙江财经大学要"跳出财经发展财经"的探索作为例子，来说明"管理学科到了该构建有组织的科研体系"的判断。我把有组织、有使命、跨学科的财经学科体系，称为"新学科体系"，其内核就是要构建问题导向的跨学科科研团队，按照"学科—科研—人才"一体化发展模式，让科研活动跳出学科领域封闭式的山头模式、研究生培养的单一知识传授模式、科学研究的自娱自乐模式，塑造基于新财经学科的新型科研体系。具体应把握三个基本问题：学科发展规律、科研活动规律、科研组织体系。

首先，要把握财经类学科发展的基本走向。财经类学科从来就不是纯理论性的基础研究，无论经济学还是管理学的经典理论，都是为了回应现实需求。即使诺贝尔经济学奖获得者的研究成果，也是需要通过实践应用来检验的。比如，面对微观对象个体研究理论创新的长期停滞，现实世界出现脑机融合下的"新人类"，就应该前瞻性设置"财经·智能"的管理经济学科新方向；再比如，面对传统科层结构的社会正在转向数智世界而出现的"新社会"形态，就应该布局"数智·治理"的新兴社会治理、数字法学、公共管理等学科方向。

其次，要把握财经学科科研活动的基本特点。长期以来，我国财经类学科科研活动的基本功能是论文生产和知识生产，科研活动围绕论文生产、知识生产来组织和开展。举个有趣的例子，我经常鼓励管理学科的青年学者多到企业去调研，但他们告诉我"我要写论文，实在没有时间去企业"。这就是典型的财经类学科的科研活动陷阱——非价值性的科研劳动。当务之急是加快科研活动向"使命导向型"或"问题导向型"转变,学科结构应该从分流走向交叉融合,研究方法应该从抽象思辨走向具体实证,科研组织应该从离散式架构转向分布式架构,研究重心应该向下游应用端移动,在回应现实重大需求中提高科研活动的价值创造能力。

最后,要把握财经类学科的科研组织体系演化规律。财经类学科长期存在科研组织离散化、科研过程断裂化、研究主体个体化、科研目的指标化等突出问题,根源在于学科性质与实践脱节。现在,工科、农科、医科在推进有组织科研上已取得显著进展,但财经类学科并没有很好地破题。财经类高校如何开展有组织的科研?这里要解决两个关键问题,一是做面向重大战略需求的研究。这是最有效(或许也是唯一)的驱动有组织科研的办法。例如,当我们要解决数智时代复杂管理问题时,就内生地推进了基于兴趣、应用、数据及算法的混合驱动模式。二是设计科研的二元组织。传统组织突破不了,就创立新的组织。例如,建立智能金融高等研究院、数据财会研究院等不隶属于某一学科的机构,把从事实验观察、数学模型、计算机仿真、大数据智能计算等研究的团队和从事传统财经研究的团队放在一个机构内,按照科研特区来设计制度,才可能落实"财经·智能"的交叉研究范式。

4 探索有组织科研的评价体系

建构有组织科研的评价体系是决定性的,它是驱动学科体系、科研活动、组织体系变革的最根本动力。这里要解决三个关键性难题。

第一，厘清财经类科研活动的基本使命。财经类学科最强大的生命力是响应经济社会发展的需求变化。20世纪80年代，财经类高校的首要使命是培养财经类应用人才，那时候的科研评价不像现在这般"内卷"，科教融合是自然而然的，不存在现在努力想破都破不了的"五唯"[1]。90年代中后期，财经类高校全面转向学习美国，晋职称、抢帽子、拿奖金的核心指标是项目、论文、获奖，我国财经高校的教师忙于写"上不着天、下不着地"的论文。更要命的是，教师对人才培养越来越不重视，教学成了完成工作量的副产品。党的十八大之后，国家强调"破五唯"，财经类高校评价体系相应改革，必须把满足实践需求、育人需求、知识需求作为基本使命，强调科研活动的价值多元性、多功能性，把回应重大现实需求、人才培养作为最重要成果。

第二，解决科研评价标准多样化问题。用一根尺子量不同高校、不同学科、不同教师科研工作的后果，是国内财经类高校几乎一个模子，严重缺失特色优势，学科结构、办学模式、科研组织几乎一个样；学科之间缺失个性风格，建设路径、人才引育、学科格局也差不多；个体之间没有价值差异，分类管理实施困难、个体专长难以发挥、同质竞争愈演愈烈。要解决科研评价标准，有两个根本性问题：一是必须回到"实践是检验真理的唯一标准"的基本原则中，应用研究、立德树人、社会服务都是实践，按照不同的实践活动，建立相应的标准。二是必须坚持高质量原则，包括育人高质量、成果高质量、成效高质量，最大程度消除"劣币驱逐良币"的现象。

1　"五唯"，唯分数、唯升学、唯文凭、唯论文、唯帽子。

第三，解决科研评价体系的科学性问题。现在我国的论文数量、专利数量、国内奖项数量、科研人员数量都位居前茅，财经类学科也应该完成数量上的追赶，必须尽快从数量导向的评价转向质量导向的评价，即从论文数量、项目数量为主要指标，向以质量、贡献和影响力转变。财经类学科的科研评价体系如何调整？要贯彻三个基本原则：一是从数量指标向质量指标转变，推进代表作制度，不求数量多，要求价值性、影响力。二是从一刀切指标向个性化指标转变，赋予学科自主性，坚持高质量，主张小同行评价，邀请国际国内同行、实践专家多维度评价。三是从论文导向向"科技—教育—人才"一体化导向转变，要把高质量科研人才培养纳入科研成果中，把科教融合、产教融合纳入进来。四是从定量评价向定性定量结合评价转变。定性评价侧重评价成果的创新性、价值性和影响力，应该把面向经济建设主战场、面向国家重大需求、面向人民生命健康作为基本遵循原则。

13 ｜ 用"顶天立地"研究驱动创新发展

随着我国科技实力从量的积累迈向质的飞跃、从点的突破迈向系统能力的提升，创新在经济社会建设中的作用愈发凸显。党的十九届五中全会公报提出，"坚持创新在我国现代化建设全局中的核心地位"。在党的十九届六中全会公报提出的需要倍加珍惜、长期坚持的"十个坚持"中，有两个"坚持"都与创新有关，即坚持理论创新与坚持开拓创新。可见，创新既是我们在实践中积累的宝贵经验，也是新时代我们需要在实践中丰富与发展的方向，更是对当前世界科技发展大趋势的必然回应。

1　扎根中国大地的理论创新

早在 40 多年前，浙江大学管理学院就开启扎根中国创新实践，做"顶天立地"研究的战略，希望在构建具有中国气派的管理理论、驱动中国创新发展的实践上有所建树。20 世纪 80 年代后期，彼时的中国在科技管理方面尚是一片空白。自美留学归来的许庆瑞教授被委以重任，在浙江大学建立我国首个科技管理系，这就是浙江大学管理学院的前身。作为国内最早开展技术创新研究的机构之一，浙江大学管理学院的创新"基因"在"浙"里落地生根、开枝散叶。也正是从技术创新开始，浙江大学形成了"创新研究团队"和"创新管理学派"，并引领了此后长达 40 多年的创新领域学术研究，构建了具有中国特色的创新管理理论体系。

在 40 多年的发展历程中，浙江大学创新研究团队的学者不断在现实中寻找突破口，致力于解决发展中的实际问题，凝练出了一套基于中国情境的创新管理理论，即浙江大学"创新管理学派"。众所周知，技术创新的理论源自西方，而浙江大学创新研究团队更为关注中国的技术创新现实。在 20 世纪 80 年代的中国，浙江大学创新研究团队就把切入点放在企业研究开发实践上，把关注点放在创新理论研究上，把落脚点放在服务国家技术引进政策上。

1986 年，许庆瑞教授带领研究生对位于沪、杭、甬地区及厦门的 31 家工厂走访调研，了解和分析中国企业的技术引进状况。基于对大量一手资料的研究，许庆瑞教授提出"引进技术国产化，技术引进与积极出口并举"的政策建议，并为国家部委所接纳。此后，基于对中国经济发展和企业技术创新政策的长期调研，许庆瑞教授团队又提出"二次创新—组合创新—全面创新"理论，总结出一条中国特色自主创新道路。从某种意义上来说，这也揭示了创新管理学派与企业实践的渊源：与企业共成长！团队在总结提炼管理实践的基础上，自下而上"长"出更符合中国情境的创新管理理论，反过来，这样的理论也影响了中国企业的成长。例如，早在 2002 年，在常驻海尔内部调研 10 年之后，许庆瑞教授团队帮助海尔建立了全面创新管理体系，协助其搭建技术创新平台，使海尔有了一年 1 000 多项的技术创新成果。海尔总裁张瑞敏曾这样肯定："海尔未来发展的资本就是全方位创新体系。"

从实践中"长"出的理论又被用来解决实际问题，这种理念和做法一直在浙江大学创新团队中传承并发扬光大。吴晓波教授是许庆瑞教授的弟子，他在许庆瑞教授的理论基础上，提出了"二次创新"理论，该理论指出，有效把握"机会窗口"对于后发企业发挥"优势"、实现追赶具有重要意义。海康威视便是抓住"机会窗口"实现后来居上的典型案例。在一次活动上，海康威视董事长陈宗年颇有感慨，创业时他在浙江大学管理学院攻读博士，在创业前 9 个月，他的导师吴晓波教授就指导其企业发展。由许庆瑞院士指导过的郭斌教授，提出了产业追赶阶梯理论，总结了产业技术创新的中国模式，出版的英文专著得到国际学者的高度评价。魏江教授基于中国企业创新全球化研究，提出了"非对称创新"理论，持续助力中国企业发展。比如，万向集团运用"非对称创新"战略，通过并购整合国际科技资源，形成了全球资源整合创新、产业链互动创新、企业全面协同创新"三位一体"创新体系。

扎根中国大地，自下而上"长"出符合中国国情的管理理论；与企业共成长，帮助企业解决发展中的现实难题。这是浙江大学创新管理学派的特点，也是浙江大学管理学院始终坚持的事。40 多年来，以许庆瑞教授为引领的这支创新研究团队经历了中国自主创新道路的从无到有、再到独一无二，用扎实严谨的研究探索出了适合中国发展所需要的创新管理理论，服务中国特色的创新道路探索。

2 "把论文写在祖国的大地上"

商学研究要形成"中国气派"，就要"把论文写在祖国的大地上"。为什么现在很多论文写不到中国大地上，因为学者不知道这块地是什么、在哪里。那么，如何去了解这块土地？就必须立足中国独特的制度、社会、文化特征，再分析中国宏观场景变量下的微观企业制度和行为。举个例子，我国要在社会主义市场经济体制下"集中力量办大事"，既要发挥市场的决定性作用，又要发展政府强有力的调控手段，这两者在企业实践层面如何落实？如何观察、诠释和创造这些中国特色背后的管理智慧？浙江大学创新研究团队提出了"制度型市场"理论，该理论转化为政策，为国家和浙江的创新政策制定作出了有意义的贡献。

浙江大学管理学院的使命中有这样一句话：为人类贡献管理思想与智慧。而管理学"浙大学派"的使命则是：为国家经济和科技发展提供本土理论支撑。

早在 20 世纪 80 年代，浙江大学创新研究团队就准确地察觉到中国科技发展道路的方向问题。是引进为主还是自主开发为主？如何通过技术创新来摆脱技术引进过多的困境？这在当时都是非常前沿且关乎国家发展的重要议题。20 世纪 90 年代初，许庆瑞教授为国家技术创新工程的设立和启动做了许多前期研究、咨询和建议工作，特别是他和陈劲教授提出的"自主创新"理论，对于国家技术创新工程框架和举措的制定具有重大推动作用。40 多年来，从服务国家战略到参与区域发展规划制定，再到帮助企业建立创新体系，浙江大学创新管理团队以"顶天立地"的实践，为中国特色自主创新道路的发展贡献了力量。

2013 年，我作为国家"十二五"规划专家组成员，参与并完成了《"十二五"国家自主创新能力建设规划》。这是我国第一部系统部署加强自主创新能力建设的规划和指导性文件，对我国自主创新能力建设的重点、任务和方向做出了总体部署。此后，我又主持了教育部《高等学校"十四五"科学技术发展规划》的制定，牵头提出浙江省"十四五"规划中关于科技发展的重大需求和任务。

民营企业和创业公司云集的浙江，为创新研究和实践提供了天然的土壤。多年来，浙江大学创新研究团队用基于企业实践发展出来的理论来指导企业实践，帮助省内 100 多家企业搭建技术中心或创新平台。纵观企业创新发展道路，浙江大学创新研究团队几十年如一日，始终站在创新管理理论的最前沿。

追溯历史，创新基因早就融入了浙江大学创新研究团队的血液中。从许庆瑞教授牵头设立国内首个科技管理领域的博士点，到发展成由院士领衔，汇聚长江学者、国家杰出青年的高层次人才梯队；从最早开展的开发管理的研究，到提出中国原创性创新管理理论体系；从编写并出版国内首部创新领域著作《技术创新管理》，到形成"浙大创新研究学派"并出版 100 多部专著；从 20 世纪 80 年代招收第一个本科生，到培养人才遍及国内外各大高校，浙江大学创新研究团队以"顶天立地"实践书写 40 多年创新研究史，映射出中国改革开放的自主创新发展之路。

当年播下的种子正在开枝散叶，根植于中国情景的创新实践正得到越来越多的国际关注与认可。2018 年 10 月 30 日，斯坦福大学商学院教授 Robert Burgelman 在其课堂上引导 MBA 学生对中国手机制造商小米的案例进行讨论，中国经验与中国模式被来自世界各地的学生分享和热议。该案例由浙江大学管理学院郑刚教授团队开发，描述了小米从崛起到开拓国际市场，再到成为"创新领跑者"的过程。这些成果再次说明"顶天立地"研究范式的强大生命力。

当下，浙江大学创新研究团队正要求教师更多地深入企业行业一线，调研掌握第一手管理实践智慧，改变教条化、程式化的研究方法，强化整体性、启发式研究方法，回应现实世界需求。团队要求学生更多地"走出去"，从事社会调研与实践，鼓励学生与教师一起参与项目研究，了解中国企业发展的最新实践，提出具有指导价值的理论，再服务于实践。团队还力图做好全球浙商研究院，搭建政府、企业、社会和学校合作平台，组建企业家委员会，花费大量心血书写浙商传奇系列丛书，提升与企业的深层次合作，努力把浙江大学创新研究团队建设成创新管理研究人才培养的"大本营""智慧基地"。只有这样，才能让理论研究与实践需求同步对接，才能用最新理论成果去解决企业发展中不断涌现的新问题。这就是"把论文写在祖国的大地上"的意义所在。

3 独创案例研究方法论

浙江大学创新研究团队的丰富科研成果，离不开特有的"案例研究"方法论。为了总结企业管理的成功经验，许庆瑞教授带领创新研究团队对我国大中型工业企业进行了长期扎实的调研。他们与企业人员深度交流，受访者从高层领导到各职能部门经理，从关键技术人员到普通工人。他们以"蹲点"的方式深入企业，广泛收集意见，只为全面客观地总结中国企业创新的成功经验。除了访谈，他们还通过调查问卷，搜集了大量的二手资料。这套"到企业蹲点，从实地调查出发"的方法，是许庆瑞教授倡导的研究特色和学术风格。为了更好地促进"从实践中产出真知，将真知上升为理论"的良性循环，他常常指导学生不带"框框"到企业调研，形成对研究有价值的调研报告，凝练成与实践深度对话的理论。

这种"去企业蹲点"的研究方法，与整个 21 世纪以来管理学科以建模为主流的研究范式相比，确实显得有些"另类"。但不管外部科研环境如何变迁，浙江大学创新研究团队的案例研究范式始终如一，长期扎根实践的研究风格，让大家受益良多。它不仅让学术思想有了真实数据作支撑，对被调研企业的发展起到极大促进作用，更重要的是，它还促进学生做面向真实问题需求的真研究。因此，这些做法不但被传承了下来，还逐渐发展成"与一流企业同行"的良好研究传统。

通过数十年坚持不懈地深入企业，翻档案、与各级人员访谈等，团队有了对理论和实践的历史逻辑、国际视野的认知，也形成了别具一格的科研文化和学术风格，指引着浙江大学创新研究团队的科研越做越扎实，持续提升对中国问题的洞察力，持续产出高水平成果，持续为国家和区域创新发展提供智力支撑。正是这种根植于中国实践的深厚"功底"，让"浙大创新管理学派"越来越多地得到国际认可、实践认可。

14 | 管理研究要心怀"国之大者"

长期以来，中国管理教学与研究主要遵循着西方管理思想，向西方学习，因此大大缩短了追赶的路程。同时我们发现，管理学科一旦脱离国情，就是自娱自乐、无本之木。其实，西方管理学者已经意识到自娱自乐型的研究是没有意义的，于是，十多年前，以徐淑英教授为代表的学者，提出了要做"有责任的研究"，倡导理论与实践的结合。对于中国管理学者来说，一旦把管理理论与实践相结合，又按照国际一流标准产出成果，就是做心怀"国之大者"的一流研究。因此，我国管理学科研究亟需一场深刻的范式变革，要有勇气去构建本土管理理论，为人类管理理论添加"中国气派"的浓厚一笔。本部分是浙江大学提出要建构社会科学自主知识体系时，我们梳理的创新管理学科的发展历程，以期为管理学科如何做心怀国之大者的研究提供参考借鉴。

2016 年，习近平总书记在哲学社会科学工作座谈会上明确提出要加快构建中国特色哲学社会科学学科体系、学术体系、话语体系。2022年，习近平总书记在考察中国人民大学时再次强调，加快构建中国特色哲学社会科学，归根结底是建构中国自主的知识体系。

理论来源于实践，又指导实践。多年来中国学者一直在研究中国企业，试图探索出"中国气派"的管理理论。但在 21 世纪之前，西方学界少有认可基于中国管理实践的研究。我记得许庆瑞教授在 1995年发起创办了中国第一个技术管理国际会议 ISMOT（International Symposium on Management of Technology），那时，国际学术机构和专家对中国的科技创新几乎一无所知，国内企业也不知道什么叫"技术创新"，以为技术创新就是研究开发。第一次 ISMOT 会议召开的时候，我们邀请了 100 多位西方学者来给我们讲技术创新、技术管理的理论。那时虽然也有中国学者在西方主流商业杂志发表研究成果，但基本是按照西方的技术创新理论来讲中国的技术创新故事。

21 世纪之后，中国本土的管理实践和创新发展引起了西方学界的关注，尤其随着中国加入 WTO，国际交流大大加快，一批中国企业走向全球，向世界证明中国的管理实践也是有独特优势的。浙江大学作为国内技术创新理论研究的机构之一，从 20 世纪 90 年代末就开始探索具有中国特色的创新理论，由二次创新、组合创新到全面创新，开始了"浙大创新管理学派"的发展新征程。

1 "浙大创新管理学派"的发展历程

浙江大学作为"全国高等教育改革和发展的一面旗帜",理应守好红色根脉,在建构中国特色的自主知识体系中发挥重要作用,走出一条扎根中国大地的世界一流学科建设新路。在扎根浙江高质量发展生动实践、勇探哲学社会科学创新发展新路子的征程中,浙大学人从未缺席,不断涌现引领学科风气的队伍与成果。浙江大学创新研究团队以中国工程院院士许庆瑞教授为开创者,吴晓波教授、魏江教授、陈劲教授、郭斌教授等为领军人物,黄灿教授、郑刚教授、刘洋教授等为青年骨干,在长期探索创新管理自主知识体系过程中,形成了老中青梯队完整、领军人物成果突出、青年学者视野开阔的"浙大创新管理学派"。

作为改革开放后第一批国家公派访问学者,许庆瑞教授于1980年前往美国麻省理工学院斯隆管理学院学习,归国后,将先进的工程管理、科技管理理论引入国内,率先提出"创新应以企业为主体"的政策建议,撰写了国内第一批技术创新领域专著,创建了国内第一个科技管理博士点,完成了中国自主创新道路探索从"学"到"创"的第一个里程碑。

随后20多年,浙江大学创新研究团队基于海尔、杭氧、中集、吉利、万向、华为等大量企业实地调研,不断探索和完善扎根中国企业实践的创新管理理论,于世纪之交形成以"二次创新—组合创新—全面创新"为核心的中国特色创新管理理论体系。

进入21世纪,吴晓波、魏江、陈劲等接续举起"浙大创新管理学派"的旗帜,形成了超越追赶、非对称创新、数据基础观、国家创新系统等原创理论，出版了一系列具有国际影响力的高水平专著和论文，培养了一批走向国内国际知名高校和科研机构的学术人才，主持和参与了几百项国家和地方科技规划和政策制定，指导了上百家企业的创新管理实践，基本构建起扎根中国实践的"浙大创新管理学派"。

2　创新管理学科自主知识体系建构

"浙大创新管理学派"的发展始终聚焦国家重大战略需求与国际创新前沿，持之以恒探索中国特色自主创新道路，构建起源于中国创新管理实践，具有中国特色、中国风格、中国气派和国际影响力的创新管理学科自主知识体系。

早在 1982 年 11 月，许庆瑞教授在中国科学院管理科学组召开的会议上就提出了"创新（包括研发）应以企业为主体，企业必须与大学、研究院结合"的思想，纠正了当时主流的"研究院（所）是技术创新主力"的片面认识。20 世纪 90 年代初，针对我国企业科技进步陷入"引进—落后—再引进—再落后"的怪圈，吴晓波、许庆瑞建立基于发展中国家实际、着眼于赢得后发优势的"二次创新"原创理论体系。

20 世纪 90 年代中期，许庆瑞教授参加我国第一个关于"技术创新机制和政策"的国家自然基金委重大项目，带领创新研究团队从矛盾对立统一角度揭示了创新实践的六对矛盾，创造性提出"组合创新"管理理论范式。1998 年，创新研究团队在对海尔、宝钢等企业创新实践调研基础上，提出了全面创新规律，并于 2002 年正式提出以"全要素创新、全时空创新、全员创新，全面协同"为内涵的"全面创新管理"理论。

当时海尔张瑞敏认为，"许院士善于理论联系实际，非常接地气，给企业解决了很多问题"。

进入 21 世纪，浙江大学创新管理研究团队继续探索新时代中国特色创新管理新理论。吴晓波教授团队提出了技术范式转变期非线性混沌过程中的"超越追赶"模式，构建中国特色管理"C 理论"。魏江教授团队聚焦后发经济体企业全球创新追赶的重大问题，提出了基于市场体制—制度型态—技术体制的情境分析框架，构建了后发企业非对称学习—组织架构—追赶路径—创新治理—生态系统的"非对称创新"技术追赶理论。魏江教授还带领团队在国内首先提出数字创新、数字战略的理论框架，研究成果为吉利、万向等本土企业谋划创新追赶战略提供了重要指导。

浙江大学创新管理研究团队已成为国家自然科学基金创新群体，先后承担了 10 多个国家自然科学基金重大项目、国家社会科学基金重大项目，逐步构建起包含超越追赶理论、C 理论，非对称创新战略、数字创新战略、全面创新理论，全球化创新、能力追赶，组织理论与团队创造力，追赶阶梯理论等本土创新理论的浙江大学创新管理学科自主知识体系。

3　布局创新管理研究的理论高地

2003 年 7 月，"八八战略"明确提出"科教兴省、人才强省"战略。2006 年 3 月，浙江省召开我国第一个"自主创新"大会，提出用 15 年时间建成创新型省份和科技强省。2020 年 10 月，党中央确立"创新在我国现代化建设全局中的核心地位"。2022 年 10 月，党的二十大报告再次强调科技自立自强。在区域和国家创新战略演变的各个阶段，浙江大学创新研究团队与时俱进地作出了相应的理论贡献。

浙江大学创新研究团队依托管理学院和中国科教战略研究院力量，组成了科技创新政策智库团队，以"新思想在浙江的萌发与实践"系列教材编写为抓手，对过去习近平总书记科技创新重要论述在浙江的实践开展溯源研究，将总书记关于科技创新的重要论述形成体系化的研究架构，并以此为牵引开展了多项国家自然科学基金和国家社会科学基金重大重点项目研究。最近，研究团队围绕"数智创新与管理"和"科技创新管理"两个领域，谋篇布局了"数智创新与管理"系列丛书，解决"数智决策、数字生态、数智创新、数智组织"等基础理论问题；设计了"科技创新管理"系列丛书，旨在发挥浙江大学创新管理学科优势服务科技自立自强和创新型国家建设的作用。

40 多年来，"浙大创新管理学派"从无到有，用扎实严谨的研究探索出了适合中国发展所需要的创新管理理论和具有中国特色的社会主义创新道路。扎根中国大地，自下而上"长"出符合中国情景的创新管理理论，与企业共成长，帮助企业解决发展中的现实创新难题，是"浙大创新管理学派"的鲜明特点。继往开来，"浙大创新管理学派"将继续用"顶天立地"和"实事求是"诠释创新的意义，持续服务国家创新驱动发展战略，引领中国发展的"创新浪潮"，为回答中国之问、世界之问、人民之问、时代之问，建构中国自主的知识体系贡献浙大智慧。

15 | 打造管理学科的自主知识体系 [1]

构建中国特色的数智创新与管理理论是我国实现产业追赶的战略必需,是建设"数字中国"的理论必需,也是服务数字产业化和产业数字化转型的理论基础。经过五年努力,浙江大学"数智创新与管理"战略性学科团队扎根中国数字经济发展实践,提出了数据基础观理论、数字组织与战略范式,以及产业数智化转型模式、数字产业化创新范式、数字经济治理体系等系列观点,架构起数字时代中国特色数智创新与管理体系,并产生了积极的国际影响。

1 学科重构,打造数智管理人才培养项目矩阵

在浙江大学原校长吴朝晖院士的亲自推动下,学校于 2022 年启动"数字社会科学会聚研究计划",会聚浙江大学在管理、经济、传媒、信息、医学、能源等学科上的优势,进行融合创新,研究中国数智创新与管理的理论逻辑,面向未来培育世界领先的研究成果,为中国社会与经济的数字化转型提供系统的理论武器,探索有效集聚多学科人才和激

---

[1] 本文作于我承担浙江大学"创新 2030 计划"数字社科策划工作之时。按照中国特色哲学社会科学自主知识体系建设的要求,我与谢小云、刘洋等一起谋划创建"浙江大学数智创新与管理"二级学科,由此开启了中国第一个数智创新与管理的自主知识体系建设之路。

发人才创新活力的新模式。

　　浙江大学管理学院于 2021 年设立国内首个"数智创新与管理"二级学科，旨在以数字经济时代的组织创新与管理实践为研究对象，系统研究数智创新的普遍规律和应用方法。该学科的宗旨是服务"创新驱动发展"和"数字化发展"的重大需求，面向世界科技前沿，形成数智创新与管理的自主知识体系。

数智创新与管理学科研究领域

　　学科设立后，学院系统推出"数智创新与管理"学术博士和专业博士项目，设立智能财务本科项目、商务大数据 MBA 和 BAI@QTEM[1] 科学学位项目，形成贯穿本硕博的数智管理人才培养项目矩阵。

1　BAI@QTEM 是浙江大学管理学院与 QTEM（Quantitative Techniques for Economics and Management）国际硕士网络合作的硕士项目，即"商业分析与创新硕士项目"。

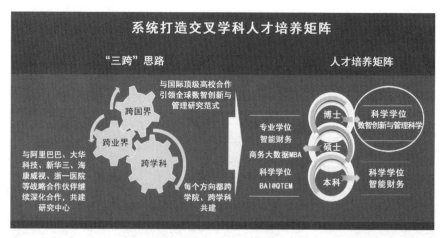

数智创新与管理学科人才培养矩阵

数智创新与管理交叉学科建设将进一步深入推进"商学 +"教育生态系统建设，遵循浙江大学面向 2030 学科会聚研究计划的要求，按照"学科团队 + 合作企业 + 交叉学科"三位一体方针，探索面向国家重大需求的学科建设路径，探索有效集聚多学科人才、激发人才创新活力的新模式，力争三年内凝练形成"数智创新与管理"学术共同体，2025年打造出我国"数智创新与管理"学科高地，到 2030 年产生较高国际学术影响力，打造全球领先的数智创新与管理研究理论体系。

2 交叉研究，打造数智创新管理研究高地

按照"商学 +"教育生态系统理念，聚焦数智组织与战略领域，魏江教授和谢小云教授牵头的战略性学科团队，在国家自然科学基金重大项目、国家社科重大项目、国家自然科学杰出青年基金等支持下，持续

在国际国内顶级期刊发表中国数智管理相关论文，出版了《数字创新》《数字战略》《数字创业》三部曲，和《数智组织》《数字企业创新生态系统》等系列著作，初步形成数智组织与战略的自主知识体系。这些都标志着浙江大学在该领域走在全国前列。

浙江大学"数智组织与战略"学科团队，在国内首先提出了数字创新、数字战略、数字创业等理论框架，其研究成果为吉利、万向等本土企业谋划创新追赶战略提供了重要指导。团队成立了浙江大学数据科学研究中心、浙江大学管理学院—阿里云数字经济研究院、浙江大学管理学院—新华三数字经济研究中心、浙江数字化发展与治理研究中心等数智管理相关研究平台。基于这些研究平台和研究成果，2020年魏江教授领衔项目"创新驱动下平台企业主导的创业生态系统研究"成为中国创新创业领域首个获批的国家自然科学基金重大项目，后续相继获批五个"数智创新与管理"领域的国家自然基金重点项目和国家社科重大项目。

研究团队围绕"数智创新与管理"学科，由"数智组织与战略"团队谋篇布局了"数智创新与管理"系列丛书，解决了"数智决策、数字生态、数智创新、数智组织"等基础理论问题，系统探究了以中国特色数智组织、数智决策、数智创新、数智财务、数智服务和数字健康管理为核心内容的知识架构。其中，《数字创新》《数字战略》《数字创业》三部曲在国内最早系统建构了工商管理学科的"数智创新与管理"自主知识体系。

数智创新与管理理论作为"浙大创新管理学派"的重要成果之一，将继续坚持以"立足浙江、服务国家、嵌入全球"的发展战略为指导，服务数智创新相关政策制定，以支撑浙江"数字经济"一号工程，推动"长三角一体化""数字中国"等国家战略落地，着力打造全球领先的数智创新与管理研究理论。

第五章

Chapter 5

商学院治理体系再建构

16 ｜ 重构教学管理底层治理体系

> 不同商学院有不同的人才培养目标与定位，有的强调就业能力，有的强调科研能力，有的强调领导能力，有的强调创业能力。过去十多年来，我国商学院都在探索差异化发展道路。但受制于国家政策和评估、传统学科体系的分离、师资队伍的利益平衡，国内商学院要差异化发展几乎不太可能。不管商学院人才培养的目标定位差异性有多大，其商学教育体系的治理逻辑应该是共通的。本部分我就如何激活教学组织，提出了"三位一体"的底层治理逻辑。

1　综合型人才培养与碎片化学科治理的矛盾

从大工业时代到如今的互联网、大数据、生态化时代，产业边界越来越融合，知识结构越来越多元，一流商学院培养的人才，应该是面向未来 10 ～ 20 年的。毫无疑问，专业不是决定未来 20 年的根本，人才特质和素质才是！引领未来 20 年发展的人才，理应对市场、对社会、对未来有很强的敏感性，能跳出行业、专业乃至自己所在的空间，融会贯通各学科知识，以整合式思维看待问题。

要达到上述目标，当前商学教育专业性割裂的治理体系是难以支撑的。我们审视商学院的人才培养模式，不难发现关键症结在于培养目标短视化、培养方案刚性化、专业设置"山寨"化、课程体系陈旧化、教学知识体系僵化。带来的结果就是商业专业教育滞后于时代需求，培养出来的人局限于短期就业导向，从长远看，商学院的"产品"与社会需求脱节。

培养目标短视化。包括一流大学在内，商学院过度地把短期就业当作目标追求，所有学校设置专业时"赶时髦"，课程设置功利化，商学院缺乏对人文素养、人格情怀、科技洞见的培养。学生和家长选择专业就看是否有利于找到工作；教师作为教学的主体，在组织课程内容时只看是否迎合就业需求；学校评估一个专业学生的培养质量，只看毕业就业率。

培养方案刚性化。最显著的表现在于，自上而下的培养方案设计使得作为方案实施者的院系教师和直接受益的学生，对于上什么课、谁来上课，缺乏话语权，2/3 以上的课程是教育部或者学校指定的。这种课程设计上的刚性化，衍生出另一个问题：相当多高校开设的课程，面向不同专业、不同学位层次的学生，其内容体系几乎相同。

专业设置"山寨化"。建立在过度细分的学系基础上的专业，不可避免地被固化在"自设边界"内。受制于边界，专业培养方案因人设课，专业课程只允许本学系老师开设，因为这直接关系到教师的"饭碗"，学系内外的教师和资源无法深度融合与互动。这样的培养模式不仅使得知识结构僵化，而且固化的专业边界严重禁锢了学生知识面和多元复合思维的发展。

课程体系陈旧化。主要表现在两个方面。一是课程内容多年不变，教学要求和内容体系没有根据专业和学位的不同而进行多层次设计，出现"千人一面"现象，这点从学生抱怨课程内容的重复中可以见得。二是课程体系缺乏系统性设计，不同老师上课的内容各不相同，出现"千人千面"，同一门课程的不同授课教师在内容设计上几乎完全不一致，课程的整体知识设计缺乏统一内核。

教学知识体系僵化。主要表现为授课内容与管理实践的严重脱节，究其根本，当前商学院教学治理体系在一定程度上让教师陷入了激励陷阱，教师队伍固化、科教脱节带来了知识老化，教师关注的是课程的知识点，而不是学生的素质。出现这样的问题，是因为当教师对培养方案缺乏话语权时，当专业因人开课时，教师是没有动力去开发和更新课程的。

要从根本上解决上述"五化"，就必须重构当前商学院的教育治理体系，打破学系的边界，前瞻性响应科技进步的需求，根据专业与学科的不同来动态优化课程体系。具体从三个方面入手：第一，打破专业的边界，建设跨学系、柔性动态调整的项目团队；第二，规划与时俱进的课程内容，建立科教融合的交叉科研团队；第三，构建"个性化+通识"的阶梯式知识结构，建立打通本科到博士不同层次教学项目的课程团队。

2 重构商学教育体系的底层治理逻辑

要改变教学体系，最有挑战的是改变教学管理组织体系。由于教学与科研的主体是教师，治理体系就要下沉到最基层组织，建立项目（专业）团队、交叉科研团队和课程团队"三位一体"的责任体系，从底层组织逻辑重构商学院治理体系。

"三位一体"要解决的是"如何培养人"的问题。通过项目（专业）团队、交叉科研团队、课程团队的联动运行，让教师不断地把研究成果转化到教学中去，让学生拥有多元复合的思维方式，让跨学科师资能够深度互动与融合。这种组织逻辑彻底改变了以学系为单位的培养机制，在组织设计上，就是要把项目专业建立在学校和学院平台上，把交叉课程开发建立在交叉科研团队的基础上，把课程团队建立在跨学科边界的基础上，显然，这些变革需要重构"项目团队—科研团队—课程团队"三位一体的底层学科治理体系。

第一，建立项目（专业）团队。围绕创新型、领导型人才培养目标，确立"管理理论＋科技洞见＋人文精神"的专业设置思路，以跨学科逻辑构建项目（专业）团队，由团队全流程负责从招生到出口的培养方案实施，打破过去把专业固化和锁定在学系内的组织机制。项目团队的作用至关重要，要根据课程变化动态调整课程结构，开设优质选修课，根据课程体系和其他培养环节设计配置最优秀的师资，形成系统性人才培养模式，避免知识支离破碎。通过落实项目主任责任制，学院和教师共同对创新人才培养方案拥有话语权。

第二，构建课程团队。全部通识课程和核心课程都建立课程团队，由课程团队研究并制定面向不同层次学生的课程教学内容。针对本科到博士的不同培养目标，由课程团队负责人统一协调配置课程模块研发和师资队伍培养。针对不同层次的学生，同一门课程的知识结构设计是逐层递进的，更重要的是，要结合基础知识、专业知识和授课教师之所长，形成个性化模块和通识模块兼备的课程体系。为了支撑多层次课程体系，每个课程团队都广泛吸纳院内不同学科方向的师资，吸收融合计算机学院、人文学院、公共管理学院等兄弟院系的教师，破除课程体系陈旧化的弊端，激发教师研发、打磨课程的动力。

第三，重构科教融合团队。按照科教产融合的思路，在不同项目中聘任学术主任和顾问，把最新研究成果与教学紧密结合，与时俱进为教学赋能。国学大师陈寅恪在清华任教时有一个"三不讲"原则，即书本上有的不讲，前人讲过的不讲，自己讲过的不讲。如此"三不讲"的教师一定要依靠不断的研究，因为在课堂上讲授自己在不断研究中发现和总结的最新知识，才能让课程内容推陈出新，与管理实践紧密衔接。同时，教研相长也有助于学生把知识学活。交叉科研团队的另一重要作用是支持跨学科交叉融合的前瞻性课程开发。吸引国际化、跨组织、跨学科的交叉科研人才组建团队，开展顶天立地的高水平研究，促进课程和项目团队始终聚焦管理实践发展最前沿。

为了保障"三位一体"的有效运行，相应的制度建设必不可少，因此，学院要从四个方面发力来进行改革。一是要建立以课程团队和项目团队为核心架构的矩阵式治理体系，给团队负责人赋能，提供资源支持。二是要保障课程团队内部以及课程团队与项目团队之间的研讨机制。目前课程团队内部的研讨机制已经基本建立，提供经费和学习培训的政策支持。三是要在院系层面建立项目管理委员会，对不同层次教学项目实行动态评价和优化，在 MBA、EDP[1] 等项目中实行淘汰制。四是全面推行价值导向的教师评价体系改革，把"教授要给本科生上课""教授（副教授）担任团队负责人是应尽的义务"等纳入价值导向绩效体系，最大程度激发教师对人才培养的主动性和创造性。

---

1 EDP，Executive Development Programs，高层管理教育与发展项目。

17 ｜ 文化建设重构教风、学风和作风

> 商学院的价值是要真的实现我们挂在墙上的使命，成为管理问题解决方案的提供商，成为人类思想智慧的生产者和传播者，而不仅仅是论文制造商、学位提供商。不能生产智慧的商学院，未来必将消亡。要改变商学院的价值导向，就要全面推行价值导向的绩效评价体系改革，更重要的是，要通过文化建设改变教风、学风和作风，最大限度地激发教师对人才培养的主动性和创造性。

1　倡建"三好老师"文化

我始终认为，在一切都可能被重新定义与颠覆的今天，只有那些能不断启迪学生智慧、富有社会责任感、心怀国家与人民的好大学、好学院，才是最有生存与发展希望的、最受学生喜欢的。在这样一所大学或者学院中，那些科研强的老师、教学好的老师、负责任的老师会深受学生尊重和爱戴。那么，对于管理者来说，就应该想办法让这样的老师得到足够的承认与肯定，并以他们为榜样，引导全体老师朝着正确的方向

前进。

好老师是有使命感的、是有价值追求的。作为一所大学、一个学院，其最主要的使命不外乎四个方面：立德树人、科学研究、服务社会和文化传承。这四大使命的实现，都离不开好教师、好学者、好员工。回想我作为学生时的成长历程，读研究生之前最大的幸运是碰到真心实意为学生好的好教师，读研究生之后最大的幸运是碰到悉心指导学生的好学者，在学习生活过程中莫过于碰到帮助和关心学生的好辅导员。有了好教师、好学者、好员工，就有了积极向上的学习成长氛围。

正是基于这样的想法，我认为，大学文化要以学生为本、以教师为主导。如果我们的老师成为好教师、好学者、好员工，就可以培育出一流人才、做出一流科研、做好一流服务、建设好一流学科和大学。照此逻辑，大学和学院就应该倡建"三好老师"文化。"三好老师"给出了优秀老师的基本画像，并由此确立了学校和学院的基本价值观。那么，如何定义"三好老师"中的"三好"——好教师、好学者、好员工呢？我认为不能把"好老师"的画像搞得太抽象、太模糊，应该非常生动且具体。为此，我思考了几个月，给"三好老师"做了如下定义。

"好教师"：上好每一堂课的老师。我们平时总是在宣讲教师要把立德树人作为第一天职，但什么是立德树人呢？仅仅喊喊"立德树人"之类的师德师风口号是不够的，我们打造"好教师"品牌，就要给予那些对学生充满爱心、责任心的好教师充分的认可和高度的激励。

"好学者"：把培养高素质人才作为科研第一任务的学者。很多高校，科研与人才培养是割裂的，好像科研做得好的老师是一等的，教学做得好的则是二等的。对科研做得好的老师总是宠着，对教学好的老师则重视不够，这就背离了"科教融合""科技、教育、人才一体推进"的要求。因此，我想，如果把学生培养质量作为科研考核的第一成果，就自然实现了科教融合。比如，当导师引导硕士研究生、博士研究生和自己一起做"中国气派"的研究，导师与学生一起"把论文写在祖国的大地上"，不是共同服务国家了吗？我们要改变对教师科研考核的常用指标，不要只看——拿了多少项目和奖励，发表了多少论文和专著，戴了多高的帽子，而要把发表高水平文章与解决中国重大现实问题结合起来，把培养优秀研究生作为科研的第一成果。我们倡导的"好学者"，是那些能解决中国问题、取得世界级成果、培养出优秀学生、为世界贡献理论智慧的老师。

"好员工"：具有不可替代性的、师生都离不开的行政老师。要牢固树立以"师生为本"的教育观，关键要有一支为师生提供一流的教学环境与服务的行政队伍。学校行政老师、辅导员、班主任非常平凡，但非常重要。没有高质量的行政，绝不可能建设高水平大学。尤其商学院的行政岗位老师，其服务要求更高，因为商学院是开放的，与产业界、社会界和政府部门联系非常紧密。我们倡导做师生都离不开的"好员工"，就是希望行政岗位老师立足高远，为培养一流人才、建设一流学科作出不可替代的贡献。

2　评选表彰"三好老师"

有了对"三好老师"的定义后，如何评选和表彰"三好老师"是个非常重要的工作。既然"三好老师"是价值导向的高层次荣誉，就应该有很高的公认度。因此，"三好老师"的评选，不应该让老师填表申报，而应该全体师生每人一票用心评选出来，最后再由评审委员会以投票结果确定。在海选和普投基础上，遴选产生好教师、好学者、好员工，然后对评选出来的"三好老师"给予隆重表彰奖励，让其进入学院永久荣誉榜。要以最真实的故事来宣传"三好老师"，以真动人、以情动人，全面推进师德师风建设，激发教职员工的积极性和创造性。

为了保证"三好老师"评选的权威性和公正性，"三好老师"遴选要成立由领导、教师、学生等多元成员组成的"三好老师"评审委员会，由委员会来负责组织和调动全体师生参与评选。评选过程坚持"公开、公平、公正"原则，由广大师生推荐、网上投票、评审委员会评审。为了体现荣誉的崇高性，评选出来的最终人选不需要公示，而是由评审委员会最终推荐，报学校或学院党委会审定，确定最终人选。

以下是"三好老师"的评选条件。

"好教师"评选条件：①忠诚党和人民的教育事业，以立德树人为己任，自觉践行社会主义核心价值观。②师德高尚、爱岗敬业、严谨治学、为人师表，有理想信念、道德情操、扎实学识、仁爱之心。自觉遵守职业道德规范，模范履行师德规范，在教学活动中教书育人、言传身教，把传授知识、培养创新精神和实践能力与开展思想政治教育有机结合。③切实关心帮助学生成长，爱生如子，促进学生全面发展，是师生普遍认可的"德才双馨"型教师。

"好学者"评选条件：①以立德树人为己任，自觉践行社会主义核心价值观，有理想信念、道德情操、扎实学识。自觉践行求是创新精神，爱岗敬业、团结协作、敢于创新、乐于奉献。②把人才培育作为第一研究成果，将培养出具有高水平、高潜力的优秀研究生作为基本要求，科学研究中带领学生刻苦钻研、踏实求索，解决中国发展实际重大或重要问题，研究成果获得国际认可并有较大影响力，对所在学科发展作出重要贡献。

"好员工"评选条件：①尊师爱生，牢固树立服务育人的思想，全心全意为师生服务。热情、周到、耐心、诚恳，受到师生的普遍认同。②立足本职工作，刻苦钻研，业务能力过硬，能结合服务工作特点，持续提升服务品质，工作成绩较为突出。③善于在日常工作中持续改进，为学院制度建设、文化建设、内涵发展等作出创新性贡献。④具有全局意识和良好的团队合作精神。

3　落实"三好老师"文化的长效机制

一个组织中，人是最活跃的因素，也是构成组织的重要主体。现代管理大师彼得·德鲁克曾说，企业只有一项真正的资源——人。IBM开拓者沃森也曾说，你可以搬走我的机器，烧毁我的厂房，但只要留下员工，我就可以重造一个新的 IBM。作为商学院也一样，其发展不能忽略以人为本的管理，更不能忽视老师的价值。人是最宝贵的资源，也是最重要的生产力，只要让每一位老师都发挥自己的价值，商学院的生态系统就会变得越来越好。

基于"三好老师"文化，学校和学院必须打造相应的制度文化，全面推行价值导向的绩效评价体系改革。价值导向的评价体系，应按照教师类别的不同进行差异化设计。例如，全职教师根据教师不同类别，以教学、科研、学科建设、公共事务、社会服务等指标进行分类评价。这样的做法可以更好地驱动每一位教职工的价值实现，让每一位老师都在学校和学院平台上实现自我成就。

"三好老师"文化的生命力在于行为文化。学校和学院要坚持通过科学研究、人才培养、社会服务、生态建设等基本规则、规矩和标准的系统集成，不同部门之间形成持续联动机制，通过底线行为的坚守，来建构起支撑"教风、学风、作风"三位一体的文化体系。

"三好老师"文化建设最难的是长效机制。为此，学校要从行为常规化、管理全程化、形式具象化来持续深入推进。具体包括：①师德师风行为的常态化、规范化建设。比如，强化导师是研究生第一负责人，将导师招生与质量挂钩，将学生培养作为教师绩效指标。对行政人员而言，做好高质量服务，以身示教，制定行政人员基本行为规范，并落实到考核评价上。②师德师风贯穿于内部管理全过程。比如，推出社会工作"一张清单"，实行师生"最多跑一次"，教师课堂教学"十要十不要"，修订价值导向的考核激励制度等。③做好系统文化体系的谋划和推进。"好老师"需要具象化建设。

为了做好长效机制，对制度文化和认知文化应该有具象的描述。建立仪式型、沟通型、价值型和协同型文化系列活动，仪式型文化在于奖先表优、感人感怀、深入人心，要以最温暖、最有力的方式做好各类仪式文化；沟通型文化落实师德师风的主要负责人责任制，开展系列沟通交流活动，做好"三好文化"分享交流；价值型文化贯穿教学、科研、服务全过程，做好评价考核和激励机制，要让关键事件一票决定荣誉和发展；协同型文化则要落实系统协同、一体推进，由宣传部、工会、办公室成立工作专组，持续推进工作的协调机制建设。

18 | 融通创新助推教育生态系统建设[1]

2018 年的政府工作报告指出，鼓励企业牵头实施重大科技项目，支持科研院所、高校与企业融通创新，加快创新成果转化应用。其中，"融通创新"这个词引发了我的思考。在当前边界模糊化的年代，科研院所、高校与企业"强强联合"，推动产学研"融通创新"，加速创新成果转化应用，培养优质"双创"人才，进一步服务教育、学科、经济以及科技等蓬勃发展，这无疑是中国商学院实现高质量发展的重要途径之一，大大推动了"商学＋"教育生态系统的完善与运行。

---

1 本文始于界面新闻对我的采访，《魏江侃"商学"：产学研"融通创新"，管理学院大有可为！》。后来，我提出了"与一流企业同行"的战略，把融通创新演化为与一流企业和一流企业家合作的战略。该战略与党的二十大提出的科技、教育、人才一体化发展是比较契合的，故把本文选入书中。

1　什么是产学研融通创新

产学研融通创新，不同于以往的产学研融合、协同创新，这里的融通创新分为两个层面。

首先是"融"，即融合，意思是科研院所、高校、企业要融合发展，消除不同机构与不同门类间的割裂现象。"融"是协同的概念，往往体现在科研院所、高校、企业如何在具体项目或产业上实现协同创新。

其次是"通"，也就是畅通。实际上，要实现完全的融合是行不通的，因为不同部门有不同的使命、目标和任务，比如高校做基础研究，科研院所做技术研究、应用研究，而企业则是做产业化。因此关键是要"通"，要消除从技术产生到产业化过程中的一个个障碍，打通这个管道，才能实现无障碍流通。

融通创新接入商学院是具有管理和资源方面的独特优势的。产学研要融通创新，往往以技术创新为主体，实现技术从实验室走向产业化。而今，单靠技术本身的转移转化来突破障碍已进入瓶颈，因为科技成果产业化的难题不仅仅是技术问题，还涉及制度、法律、人才等问题，特别是管理机制、治理体系与治理能力的问题。

例如，科学家的关注点是物，管理者的关注点是人，而制约人的作用发挥的因素有很多，如体制、机制、治理、文化等。商学院的优势在于解决从物到人的融通，这个问题不解决，即使技术和产业融在一起，也通不了，因为"融"是让不同机构共建平台与网络，而"通"则是构建无障碍的流通管道，是连接平台与网络的必要条件。在这样的形势下，商学院完全可以发挥自身的资源优势，联合政府、企业、高校、科研机构等，构建多种支持融通创新的新模式，以平台化、网络化思维办学，建立开放创新的生态系统。

2 "与一流企业同行"，推进融通创新

融通创新是"商学 +"教育生态系统的重要组成部分。倡导"与一流企业同行"战略，就是把企业接入学校的科研机构，帮助企业对接技术创新需求，实现校企战略合作。

商学院要倡导并践行"与一流企业同行"战略，有三个层面的意义。一是科技企业、校友企业、社会组织和高校的融通创新，落实产学研融通创新。比如，可以成立青年企业家委员会，无偿帮助企业做好与高校的技术合作。二是高校科研与实践的融通创新，很多海外学习归来的青年学者虽然在国际高质量期刊上发表过论文，但论文研究成果与企业需求的对话是存在脱节的，通过学者与企业的融通创新，推动青年教师"把论文写在祖国的大地上"。三是学生与实践的融通创新，鼓励青年学生深入企业调研甚至蹲点，在承担实践导向的管理难题过程中，发现具有重要实践意义的课题。

具体做法上，依托"商学 +"教育生态系统，分别与各个行业的一流企业建立合作伙伴网络，然后通过组织机制，推进教授和博士研究生一起到企业展开全方位调研，自上而下进行大量访谈，收集第一手海量素材，开展与现实需求连接的真研究。可以通过导学团队的形式，组织教授学者带领青年教师和学生，以一流学者的深刻洞察，采用一流记者的写实笔法，将学术学理和社会认知相结合，完成调研报告和案例专著，

深化学术界和实践界的深度对话。

商学院还可以把融通创新引入课堂。比如，在 MBA 课程中开设与企业联动的行动学习课程，使其成为"商学 +"人才培养模式的重要组成部分。在行动学习中，合作企业会列出他们遇到的管理现实难题，学院根据学生的兴趣与专业，将问题列表与 MBA 行动学习团队进行匹配，最后由 MBA 行动学习团队研究出解决方案，反哺企业，促进校企持续深入合作。在行动学习课程中，还可以专门开辟供学生、校友、商业伙伴开展定期交流讨论的公共空间，组织联合专家小组指导学生的商业计划，资助学生进行基于科技创新的创业。

3 融通创新的三层次布局

如今，组织间的边界越来越模糊，企业和高校间的鸿沟也必须不断缩小，这给高校产学研融通创新提供了契机。建立融通创新的长效机制，创建平台化、网络化的开放办学模式，应重点做好三个层次的长效工作。

第一，人才培养的融通机制。融通创新应从人才培养入手，实现科教融合。人才培养始终是科研的第一成果，可以把商学院打造成企业人力资源平台，欢迎企业来商学院建立人力资源中心、人才选拔中心、人才培养中心等。专业学位与学术学位教育要融合培养，让专业学位的学生能参与学术学位的人才培养中，让学术学位的人才更早去了解和融入社会。科研方面的人才融通，就是要紧密结合中国企业与社会发展的需要，从实践中选题，实现科、教、人一体推进。比如，通过与知名企业搭建合作平台，将优秀企业家请上讲台，共同参与设计课程、创新人才培养模式等。一方面，让知识更快传播到企业中去；另一方面，将人才培养与企业发展对接，把企业案例和调研纳入教学环节中，纳入学生培养过程体系中，升级到国际化与高端化培养模式中，实现不同人才培养单元的融通。

第二，知识创新的融通机制。要求老师必须扎根中国最新实践做研究，"把论文写在祖国的大地上"，使创造的知识能够"顶天立地"，实现融通与成果转化。比如，组建产教融合平台，推进与企业的合作对话，通过与企业的融通创新，提出本土管理理论。再比如，与国际一流大学和商学院合作共建科研中心，将中国理论嵌入全球，开展国际学术研究、实践对话和政策咨询相结合的论坛机制，在大学科范围推进融通创新，探索具有中国特色的管理学科知识体系。

第三，管理思想的融通机制。要实现思想的融通，一是要做好智库建设。及时根据国家和社会发展的需要，提出商学院的解决方案，把学院打造成智库平台，不断将研究成果转化为资政建言。二是举办一系列品牌化高端论坛与高端国际会议，发布一系列影响社会的指数、排行榜。例如，持续发布中国企业健康指数、中国企业创新指数、上市公司内控指数等，积极引导中国企业与社会持续健康发展。

要做好三层次融通创新，需要全面变革学院的运行体系，把社会资源、人才资源和学院发展融合起来。为此，商学院可以设立创业基金、人才基金、商业模式研究基金等，引入各种社会资源来赋能人才培养、知识创新和思想创新。总之，商学院要成为一个没有边界的开放性平台，在这个平台上，每一位老师、学生都能围绕学院使命，去创造学科价值和社会价值，真正实现持续的融通创新。

附

录

Appendix

附录 A

Introducing "Business Plus Education Ecosystem" as a Commentary to Carl Fey[1]

In a recent paper, Carl Fey ponders the future development of Chinese business schools. He observes that the American model of business education—the target of emulation for most Chinese business schools up to this point—shows signs of serious inadequacies. It is high time, Fey argues, that Chinese business schools come up with "indigenous" models of business education that better serve the needs of China's social and economic development. The paper then sketches a framework featuring some fundamental aspects of such indigenous models.

We find Fey's central argument and framework both timely and inspiring. In what follows, we draw on what is happening at the School of Management of Zhejiang University (the School) to respond to, and dialogue with some of Fey's ideas.

1　本文 2022 年发表于 *Management and Organization Review*，是期刊主编 Xiao-ping Chen 向我约稿。具体可见专栏相关文章和原文：Wei, J; Zhang, Z. Introducing "business plus education ecosystem" as a commentary to Fey (2022). *Management and Organization Review*, 2022, 18(5): 1000-1005.

Leadership with analytical skill and innovation capability

One of the School's missions is to nurture leadership in its students. Among the many qualities that make a leader, we consider analytical skill and innovation capability to be the two qualities that are most essential for business leaders of today and tomorrow. And our position is well aligned with Fey's call for more "innovative and analytical business teaching".

The speed of technology advancement in recent years is something that we have never witnessed before, both inside and outside China. But inside China, novel ways of conducting business such as industrial digitization emerged from this explosion of technology. With the rapid landscape shift, we envision that business leaders cannot just rely on an old repertoire of knowledge—however large that repertoire may be—to solve new problems. They no longer have the luxury of labeling a problem using knowledge from traditional business education; instead, they must develop novel insights from seemingly disparate cases. That's why analytical skill is crucial for leaders in the era of changes.

Moreover, leaders do not just respond to changes; they also initiate changes with innovation. A forest metaphor might be useful to understand the macro and micro dynamics of changes. We nurture leaders who are able to make sound strategic decisions, and are willing to explore untrodden paths in a forest of lush and messy undergrowth. Meanwhile, leaders should also be able to hold each undergrowth in clear view, and make sense of its position in relation to the status quo and what's possible. Leaders should choose a path not because this path simply stands out against a background of blurring haze, but more importantly, because it links up the undergrowth of the forest-reality to direct a meaningful progression.

Analytical skill and innovation capability then, form a core competency of leadership. Analysis would be purposeless without innovation, and innovation would be disoriented without analysis. Adding to the many inadequacies of the American model of business education that Fey mentions, we feel that the model also falls short of riveting analytical skills and innovation capability in students. The School addresses this shortcoming by launching what we call the "business plus education ecosystem" initiative, elaborated below.

Business plus education ecosystem

Business plus education ecosystem is a new pedagogical framework that integrates different disciplines into business research and education, with the goal of bettering society. We call it business plus education because we add technological insights and humanistic spirits as two essential ingredients to complement the traditional business part of business education. Fey observes that the traditional Chinese business school curricula often do not cover a sufficient spectrum of disciplines wide enough to tackle the challenges that Chinese firms face. We concur with this observation, and address it with the business plus education. Although fundamentally a pedagogical framework, the business plus education ecosystem is also implicated in all aspects of the business school's functional triad: Research, teaching, and corporate links.

Academic research

Similar to other pedagogical frameworks, research is the baseline of the business plus education ecosystem to ensure intellectual vibrancy as well as the currency and relevance of its management education. In the changing landscape of business and society, emergent management issues cannot be conveniently categorized as the domain of any narrowly defined research field, nor are they amenable to any fixed paradigmatic models of inquiry. Rather, they deserve academic attention that combines multiple theoretical perspectives and methods.

To this end, the School reshuffles its current faculty to establish cross-disciplinary research teams. Academically, the School has an orthodox vertical structure, consisting of seven departments. Parallel to this structure, the School encourages faculty members to form horizontal research teams that cut across departmental boundaries in what is known as the 1+1+N formula. Each team is led by a leading scholar (the first "1" in the formula) who sets the pace, directs discussions, and oversees the team's overall performance. Each team is also coordinated by a strategic liaison (the second "1" in the formula) who has rich cross-disciplinary experiences as well as corporate contacts. This liaison is a strategic management scholar or an engineering researcher who connects research projects to corporate realities in ways similar to what Fey discusses in his article—conducting pilot interviews, hosting joint brainstorm sessions, and listening to business practitioners' feedbacks. The "N" part of the formula refers to other team members from multiple disciplinary fields.

Thus, faculty members work together in cross-disciplinary research teams to investigate key management issues, following a problem-driven approach. Through a number of measures that will be introduced in the action agenda section below, the School ensures that faculty members work as teams, and encourages stand-alone faculty to actively seek out collaborating partners, pool expertise, and synergize in cross-disciplinary research projects. Examples include research teams working on issues related to data-driven business analytics, digital-age consumer behavior, organizational change and digital transformation, and neurosciences and decision-making.

After years of efforts, a new academic discipline/major —digital innovation and management—was established in 2021 and subsequently approved by the Ministry of Education. This new discipline/major aims to theorize companies' digital transformation, to help companies enhance competitive advantages in digitized business, and to solve key emergent issues that companies face related to digitization. A related initiative currently under planning is the launch of *Digital Management Journal*. This journal will serve as an academic platform to attract high-level publications on cross-disciplinary research.

Teaching

The "business plus education ecosystem" initiative materializes the School's strategy, which is "to accompany the frontiers of management practices". Curriculum and program designs incorporate the latest research findings. In addition, faculty are encouraged to fill the gap between management research and education by adopting novel approaches in classroom teaching and student coaching, with the aim of training students to master knowledge and to think critically to tackle real-world problems. This is our answer to Fey's call for a more "contextualized" business education.

The School implements the above ideas through a series of renovations in curriculum design. In 2018, the School launched the AI finance major because of two reasons. One resaon is that we believe that artificial intelligence is changing the finance management paradigm, undergraduate students should learn financial analytics to understand and lead the new trends in financial management. The other reason is that restructuring the undergraduate major itself embodies the central logic of the business plus education. The new majors offer selective courses, such as big data analyses, AI accounting, and technological insights, to prepare undergraduate students with a capability of holistically understanding the future business financial world.

Similar renovations are currently underway with the School's master's and doctoral programs. For instance, the BAI@QTEM master's program embeds business analytics into the background of fast-growing business intelligence. The program is designed to build high competency in skills needed to extract and manage data from disparate sources and implement data-driven management decisions based on quantitative information and algorithm models. At the doctoral level, the School launched the digital innovation and management PhD program in 2021. Students delve into the many challenges, subtleties, and contradictions incurred by digital changes and innovations—how digitization has changed organizational power structures, affected employee work-life balance, optimized organizational operational agility, and engendered new heuristic thinking, to take just a few examples to formulate new theoretical outlooks on our social world.

The renovation of the School's professional master's programs follows a similar problem-driven principle. A series of new MBA tracks have been developed to cater for emergent business trends, and subsequently, managerial needs. Examples include the business analytics track, the capital market track, the healthcare and medical industry track, and the cultural tourism track. In addition, the School recently introduced a new EMBA program known as M-STAR to serve the needs of senior managers and seasoned entrepreneurs. This program situates management theories within an extended network of knowledge—insights from natural sciences, technologies, arts, and philosophies. For instance, courses on leadership draw on traditional Chinese moral thinking, delve into culturally diverse stereotypes of leadership, and pry open the process whereby the development of leadership ideas is seen as inseparable from the ever-changing notions of arts and technologies. Currently, more M-series EMBA programs are under construction and will be introduced step by step.

Zhejiang University has a formal channel that allows faculty from one college to take up a full-time teaching position in another. Currently, this channel is underutilized due to complicated negotiation processes. With the business plus framework, the School is exploring the potential of intercollegiate teaching collaboration, and has made some initial success. For instance, intelligent finance is a course that connects management with finance, mathematics, and computer sciences, involving faculty from other colleges.

Corporate links

The linkage with technology-driven entrepreneurial communities is an integral and essential part of the business plus education ecosystem initiative. The School reaches out to an array of partners, including business communities, alumni groups, and other social organizations. Resonating with Fey's emphasis on Chinese business schools' practical impacts, the School encourages its faculty to publish in leading international journals while maintaining a strong presence in practice-oriented research and business consulting projects.

In this regard, the business plus education ecosystem proceeds in two important ways. One is that the School pushes its faculty to immerse themselves in business practices, based on which they glean theoretical insights. There are always genuinely good lessons to be learned from business practices. However, these lessons are often either theorized for academic readership—as Fey puts it, they are published in academic journals and written in a style unfriendly to business practitioners—or, lessons are collected by economic historians and financial journalists, and are thus quite indistinguishable from archival documents. The other is that the School takes an alternative approach, with professors and PhD students teaming up to conduct single-case ethnographic studies—often more than three months— in some major-league private firms based in Zhejiang. These studies produce theorized accounts of business practices for general readership (the *Legendary Zheshang Series*: Eight books have been published and more are on the way), and they are very positively rated by entrepreneurs. Many entrepreneurs feed back to us, saying that these studies help them clarify their views on their own businesses as well as those of others.

Meanwhile, the School launches MBA action learning with business incubation. The School treats action learning, now a standard component of all MBA programs under business plus, as an opportunity for reciprocal learning. In practice, partner firms produce a list of up to eight management issues that they feel are most troublesome, and this list is then matched to an equal size of MBA teams (and their mentors) on the basis of interest and expertise. This arrangement allows for fruitful counsels to encur and, in turn, further collaborations with the firms. Sustainable collaborations are built on a series of small wins among partners; the School follows up these small wins carefully, nudging collaborations forward by creating conditions and supplying resources. For instance, joint workshops and seminars convene old partners to review old ideas as well as to ponder new ones. A part of the School's new building is set aside as co-working spaces for students, alumni, and business associates to meet and discuss on a regular basis. In addition, the School organizes joint expert panels to review students' business plans, and to financially sponsor high-potential start-ups in a diverse array of industrial sectors.

Action agenda

To put the business plus education ecosystem into action, the School has engaged in three primary activities: Building up collaborative infrastructure, redesigning performance evaluation, and balancing resources.

The School now operates around a platform-and-project infrastructure. Administrative units (e.g., the MBA office) become platforms that provide resources and conduct routine management, while research and teaching evaluation is targeted at projects (e.g., cross-disciplinary research teams, MBA teaching tracks). This is to ensure that project leaders take full responsibility for team performance, and that teams work together to achieve common goals.

The School is currently adjusting its research and teaching evaluation metrics. For research teams, their KPIs are extended from the number of top-level publications to the degree of research's practical impacts. Obviously, setting evaluation criteria is difficult — pilot enquiries are being conducted, and the two metrics suggested by Fey are helpful. For teaching, one primary agenda is to start evaluating the diversity of MBA thesis topics. It is not uncommon that a MBA supervisor uses just one framework (e.g., business model canvas) to produce a string of theses. This practice, which defines management problems with own tunnel solutions, clearly runs against the analytical core of business plus education and will be promptly rectified.

The School balances financial resources to encourage cross-disciplinary and problem-driven research and teaching. It sets up a special fund to sponsor cross-disciplinary research, using it primarily to attract high-caliber scholars around the globe. In addition, the School recently launched a new reward scheme for high-quality research and teaching. Since this scheme mainly targets at projects, it provides additional incentives for stand-alone faculty to join cross-disciplinary research teams, and for MBA-track teams to develop new teaching cases.

To conclude, we agree with Fey that the time is ripe for Chinese business schools to go beyond the American model of business education. The business and social dynamics in China make this move not only a possibility, but also a necessity — to fulfill a business-school's social responsibility. "To forge ahead, or to fall behind?" The "business plus education ecosystem" initiative shows the School's determination, as well as efforts, to forge ahead.

附录 B

巧做"加减法"，"一横两纵"孕育新生态 [1]

"要走一条有浙大特色的本科人才培养之路,打破过窄的专业边界,构建人才生态系统。"两年前，在浙江大学管理学院一次关于本科人才培养改革的会议上，魏江一语道出了对该院未来人才培养体系的期待。彼时，浙江大学管理学院本科人才培养改革刚刚启动。

两年后，以"宽专业、项目制、课程组"为内核，打造"商学 +"人才培养体系为思路的一系列本科教学改革实践在浙江大学管理学院开展得如火如荼，不断突破跨学科人才培养边界，与"一横两纵"的本科教育项目产生了奇妙的化学反应，助推着一场"水到渠成"的教育变革。

"一横"统筹：专业改革做"减法"

课程是高校教育的心脏，也是人才培养和教学工作的基本依据。于

---

[1] 浙江大学管理学院本科专业优化引起了社会关注,特别是同行们的关注,中国新闻网为此做了专题采访报道,本文根据中国新闻网（2019-06-20）文章删减修改。

2017年9月启动的本科人才培养模式改革，对于浙江大学管理学院而言，是一次以"一横两纵"为纲的专业统筹与"跨界"。"一横两纵"是浙江大学管理学院教改后的培养思路，"一横"代表知识面宽度，"两纵"是知识深度，指专业基础和科技素养，意在培育学生跨学科的能力。

事实上，这一概念的提出，源于当前人才培养模式的变化。"当前专业设置过于细分，但我们需要的是宽口径培养。"浙江大学管理学院财务与会计学系主任陈俊直言，当前社会各行业、各专业的交融越来越明显，若一味以单一专业要求培养人才，恐难以与社会接轨。

通识教育的重要性不言而喻，脱胎于通识教育的"一横"理念，推动了浙江大学管理学院大刀阔斧的专业改革。将原来的八个专业调整为三个，优化了财务管理、人力资源、市场营销、物流管理、旅游管理等热门专业，在合并同类项的基础上提炼萃取，最终萃取出工商管理、会计、信息管理与信息系统等三个本科专业学位项目。作为浙江大学管理学院教改的结晶，三个专业的统筹，似乎在辗转挪腾间突破了各个学科的边界。

据陈俊介绍，改革后的会计专业是整合了管理会计、财务会计、公司金融、互联网金融等内容的"大会计"学科。"我们着眼的是会计和财务管理这两个专业方向的融合，培养拥有全局观的人才，这也是'一横'思想的体现。"

王小毅是本次改革的参与者与亲历者之一，也是"一横"理念的推动者。他认为，工商管理应该是人才、营销、市场、创新创业、运营管理和财务等一系列内容的集合。"我们希望学生能了解管理的基本职能以及更高层次的知识体系，拓宽他们的知识面，集中优势力量，育成大口径培养、多方向出口的新型一流本科人才。"

天地之大，驰骋无疆。统筹调整后的专业不仅为管理学院学子提供了广阔的发展空间，而且承担着学校的期待。

"浙大的本科生从某种意义上讲，已经达到国际一流水平。对于这样的好苗子，我们应把他们培养成具有创新创业和领导力的高级管理人才和领导者。我们有决心培养出'去改变国家和世界'的人才。"魏江如是说。

"两纵"跨界：课程内涵做"加法"

如今，在浙江大学管理学院，每一名学生都有机会接受多层次的本科教育，自由地体会学科之间交流碰撞产生的无穷魅力。但要达成魏江"培养创新创业和领导力人才"的愿望，绝不仅是统筹专业便可实现，仍需在专业基础和科学素养上下功夫，做好"跨学科"这篇文章。

2019 年 5 月，浙江大学管理学院基于备受学生欢迎的会计学专业，在竺可桢学院新开设了智能财务班，分管教学的原副院长汪蕾将其评价为"专业建设与人才培养双结合的成果"。

据其介绍，该班不仅下设管理学、微观经济学、高等数学等通识课程，还有人工智能导论、智能机器人原理与技术、数据编程等课程，同时还创新性开设了提升说和写等能力的第二、第三课堂。

"财务智能化是大势所趋，它要求财务专家、财务分析师掌握大数据发掘和运用能力及人工智能相关的开发和应用能力。"在汪蕾看来，智能财务班虽然是将两个看似完全不相融合的专业融合在一起，但从深层次而言，培养的是学生跨学科的能力，这也是浙江大学管理学院深耕"两纵"理念的实践。

在这里，学生们不仅具备扎实的人工智能、信息技术以及数据科学与大数据技术的理论基础和应用能力，而且将通晓国际会计商业语言、全球战略财务管理及与资本管控和业务支持相关的理论及应用知识。

风劲帆满海天阔，俯指波涛更从容。若说智能财务班的增加是浙江大学管理学院由内向外的拓展，那么"商学+"概念的落地，则是管理学院自上而下的改革。

"现代企业家不仅要学习掌握公司战略管理、组织架构、财务管理等基础学科的知识、工具，还应接受科技，甚至哲学、艺术、文化等方面知识。"魏江是"商学+"概念的提出者，在他看来，加号后面的内容不仅是专业的灵魂，更是推动"两纵"发展的动力。

在此概念下，浙江大学管理学院的课程不再局限于传统的商业管理教育教学，而是融合大学各院系以及社会优质教育资源的学科教育。

智能财务班是"商学+科技+数学"，信息系统和信息管理专业是"商学+统计"，工商管理专业是"商学+人文"。

实际上，以上只是浙江大学管理学院"商学+"思路中的冰山一角。"以后，我们还将引入'商学+艺术+哲学+历史'，推动本科教育中的全人培育。"魏江说。"商学+"的落地打通了专业之间的体制机制障碍，也让"两纵"理念在学院扎了根，今后跨学科的路也将越走越宽。

全面育人：教育新生态的"水到渠成"

惟改革者进，惟创新者强，惟改革创新者胜。浙江大学管理学院不断突破跨学科人才培养边界，培育"全人"，是一次创新，更是一次"水到渠成"的教育变革。

"时代在变，社会需求在变，学生的兴趣也在变。"汪蕾觉得，应对当前的社会变革，主动转变培养路径，是一种更为主动的变革。

事实上，随着专业、课程的改变，浙江大学管理学院的"教育系统"也迎来了良性嬗变，首当其冲的便是管理学院的课程体系更新。

"以社会需求为导向的育人模式，带动了课程的时更时新。"据陈俊介绍，以往的课程是四年进行一次修订，但如今每年都会进行更新。"'一横两纵'的理念，让我们更加注重实际发展。对于课程而言，若企业转型升级，那么相应的实践课程就要进行调整。"

为了推动课程修正，管理学院以专业为基础成立了三大项目组，负责课程制定、培养方案设定和教师新开课审核。

"项目组的工作看似统筹全局，其实也很琐碎。为了制定课程，我们要去企业、用人单位进行调研，听取兄弟院校、教师和学生的意见。虽然工作量很大，但也在一定程度上保证了课程制定、培养方案设定的科学性。"王小毅如是说。

随着专业的统筹兼并，老课、"水课"被淘汰，教师也开始投入新课程的研讨和设定中，激发了师资队伍的活力。

"原先学院新增了一门设计思维课程，但苦于没有相关课程内容。后来，五位老师坐在一起研讨，他们中有人有旅游规划设计经验，有人做过创新设计，把这些知识点结合在一起，设计思维课程的内容就浮出了水面。"王小毅说，除了集众力打磨课程，专业的统筹也推动了教师自身能力的提升，推动他们主动去适应、融入新专业和新环境，并且这不仅仅是个案。

"一流大学要有改变的勇气，更要培育改变世界的学生。"魏江说，拥有人文精神、科技洞见、商业规律、管理理论是浙江大学管理学院对学生的要求，也是人才培养的原则。"管理学院不是由专业、学科构成的，而是由人、智慧和知识构成的。只要构建好人才、教师生态培养系统，一定可以培养出卓越的创新型、领导型学生。"

附录 C

浙大 EMBA：打造"商学 +"新教学模式

浙大 EMBA 的使命是"培养引领中国发展的健康力量"。浙江大学管理学院一直在探索研究 EMBA 教学模式。学院一方面推出"商学 +"新概念；另一方面学习"体制外商学"经验，积极探索新模式。未来 EMBA 教学必将是分布式、交互式、无边界的，招生是开放的，培养过程是开放的，办学主体是开放的，师资选拔也是开放的，而"商学 +"将改变学院结构、学科结构和人才结构。

除了北大 EMBA、清华 EMBA 继续自主招生之外，其他 EMBA 项目都实行了"统考制"，为什么有些能继续招到学员，有些却因招生不足而停摆？这是因为，能够继续招到学员的 EMBA 项目属于经得起时间和市场考验的办学，而无法招到学员或者招生不足的，说明其过去就存在诸多问题。

但是，即使能够继续办学的 EMBA 项目，实际上也正面临争抢生源的实际问题。原因是，基于"统考制[1]"，一批没有考试能力，但具有商业实践能力的企业家、准企业家被挡在了 EMBA 门外，而能够在考试和商业上两者能力兼具的学员，成了市场稀缺。

浙江大学管理学院原院长魏江对《经理人》表示，对于 EMBA 的"统考制"及管控制度，今后还会越来越严。

1　EMBA 教育目的之问

"事实上，就算没有'统考制'，国内真正将 EMBA 办成规模，且具有社会影响力的实际上也不多。执行'统考制'后，如果商学院 EMBA 项目办学不规范、办学理念有问题、教学质量落后，招生必然会面临严峻挑战。"魏江教授表示，从市场管控角度，"统考制"的确有助于规范 EMBA 市场，同时也提高了 EMBA 的含金量。不过，他提出了一个值得深刻反思的问题：EMBA 教育的目的，究竟是人才培养还是学位教育？

先不论 EMBA 教育的商学属性，从现有体制看，教育部还是把它定位为学历教育。那么，作为企业家培养模式的探索，如果仅仅是定位为学历教育，就会与社会需求脱节。我们回顾一下英国著名教育家

1　2016 年 4 月 6 日，教育部发布《关于进一步规范工商管理硕士专业学位研究生教育的意见》，指出从 2017 年起，高级管理人员工商管理硕士统一纳入全国硕士研究生考试招生，考生参加工商管理硕士专业学位研究生全国统一入学考试，由教育部划定统一的工商管理硕士专业学位分数线并向社会公布，培养院校按照国家统一招生政策自主录取。

怀特海[1]的一段载于《教育的目的》中的话：学生是有血有肉的人，教育的目的是激发和引导他们的自我发展之路。借助怀特海的话，可以对 EMBA 教育的目的做这样的诠释：EMBA 学员是有血有肉的企业管理者，教育的目的是激发和引导他们的自我发展，实现商业和社会价值之路。

"对于现行教育体制而言，人才培养与学历教育经常是矛盾的，解决这一矛盾的根本方式是什么？我认为首先要站在战略高度看问题。"魏江以浙江大学 EMBA 办学为例，"从开办 EMBA 教学以来，浙大 EMBA 就将自己的使命定为'培养引领中国发展的健康力量'。我们认为，这是国家和民族产业振兴转型升级最核心的力量之一。落到实际就是，企业的转型升级根本上是让企业家的素质、素养和综合能力全面提升。"

"中国的企业家群体，求知欲特别强！"魏江表示，最近几年在社会上出现的一些"民间大学"现象，不仅对现行的大学 EMBA 模式带来了"冲击"，也为现行的大学 EMBA 教育教学提供了借鉴样本。

魏江发现，国内出现一批没有取得国家相关资质证明的"民间商学"，尽管不能取得学历或学位，但在企业家圈中却广受青睐。"他们的学员基本上就是类似我们的 EMBA 学员，有的机构每届招生时，有两三千人报名，筛选非常苛刻，要经过三轮面试，最终只招 1%～2% 的学员。"

1　怀特海（1861—1947 年），英国数学家、哲学家、教育家。他与罗素合著的《数学原理》标志着人类逻辑思维的空前进步，被称为永久性的伟大学术著作之一。他创立了庞大的形而上学体系——过程哲学，《过程与实在》《观念的历险》等是其哲学代表作。他深刻的教育思想也得到了广泛认可。

魏江表示，表面上这是一个反常现象，但有其存在的理由。

"这说明企业家有非常强烈的学习意愿。他们学习的目的，是了解企业发展的新理念、新思想。之前，社会上传言，读 EMBA 的人就是为了'混圈子'，这个说法太过片面。实际上，企业家与企业家、企业与企业之间都需要一种商业生态关系，这和所谓的'混圈子'完全是不同的概念。那些'民间商学'之所以能够吸引企业家去报名学习，我想，除了能给企业家提供知识之外，也能帮助他们进行更好的社会资源融合。和普通的学生不一样，企业家都注重务实、实践，他们知道什么教育符合他们的需求。"魏江就"民间商学"现象进行了独特解释。

"值得我们 EMBA 反思，为什么我们拥有最好的教育资源，却没有达到'民间商学'的效果？"在魏江看来，和大学 EMBA 每年招生总是为生源及人数问题纠结相比，那些提供给企业家学习平台的"民间商学"出现的"火爆"程度，恰恰说明企业家们更看重的是学习成效，而不是简单的一纸文凭。

2 EMBA "商学＋"新思路

按照培养企业家人才的理念，魏江表示，浙江大学 EMBA 项目教育教学要解决三个命题：第一，让谁进入 EMBA 课堂学习？第二，进入 EMBA 课堂后，学校怎么教、学员怎么学？第三，哪些学员能够毕业？

关于第一个命题，如果"统考制"继续执行，除了北大 EMBA、清华 EMBA 之外，国内 EMBA 学员均应通过书面考试（英语占笔试成绩的 40%，管理理论占笔试成绩的 60%），加上管理实践经验及能力面试后，才能入学。因此，最终进入 EMBA 课堂学习的大部分为 80 后，可能有部分属于企业初创者或企业中层经理人。"这些都是准备通过 EMBA 学习，走上企业家发展之路的人，因此，希望通过我们的教育教学，能够正确引导他们。" 魏江表示。

关于第二、第三个命题，则涉及 EMBA 教育教学的模式和方式。浙江大学商学教育教学，早在 1979 年就开始了，1999 年正式成立管理学院，2002 年成为国内首批招收 EMBA 的院校之一。在多年的 EMBA 教育教学成果和经验的沉淀下，浙大 EMBA 始终坚持"民营经济、国际化、开放性"的办学理念，追求体现"文明厚度、时代高度、创新深度"的办学特色，以引领中国最佳商业实践，努力打造成为连接商业前沿与管理新知的中国 EMBA 教育高峰平台。

近年来，基于全球化、"互联网+"及创新创业的时代变化，浙大 EMBA 提出以"双创 X"为架构，对于原有的 EMBA 教育教学的模式进行了探索和创新。尤其是，根据学员特点、学习需求和产业趋势，改变了原有的教学模式，设立了创新创业综合班、新金融班、新生代班和新阶层班等四个耳目一新的班级。

浙大 EMBA 教育教学为什么能走得那么快？这和其本身的"土壤"有关。

最近，出生于浙江、曾任新加坡国立大学东亚研究所所长的郑永年教授，就浙江经济发展模式的总结中说："浙江的企业，尤其是民营企业由于没有过多的思想包袱，会比较开放。"对此，魏江表示认同，开放思想是浙江的一种文化。"我们希望这种开放思想，帮助全国的企业家成长，同时，作为'培养引领中国发展的健康力量'的浙大 EMBA，也需要自身的开放。"

魏江认为，在学员进入 EMBA 课堂后的"三个命题"中，"学校怎么教"至关重要。在"双创 +X 新"的创新基础上，学院提出了"商学 +"的概念。魏江认为，现代企业家不仅要学习掌握公司战略管理、组织架构、财务管理等基础学科的知识、工具，还应该接受科技，甚至哲学、艺术、文化等方面知识。

按照"商学 +"概念和思路，浙大 EMBA 已经不再局限于传统的商业管理教育教学，而是融合了大学各院系以及社会优质教育资源的学科教育。

据了解，浙大 EMBA 的"商学 +"模式，打磨了"科技浙大"与"人文浙大"，以课程、讲座或论坛形式导入 EMBA 课堂。比如，浙大本校教授、原国家自然科学基金委员会主任杨卫院士，国家重点基础研究发展计划（973 计划）首席科学家陈云敏院士，中国科学院张泽院士，中国科学院上海微系统与信息技术研究所王曦院士，南京大学环境材料与再生能源研究中心主任邹志刚院士等，都曾走进 EMBA 课堂，做客浙大 EMBA 课堂，与 EMBA 同学分享了科技创新和国家发展的重大意义，更为 EMBA 学生描绘了中国科技在全球各个领域的版图分布，对企业未来发展方向有很好的指导意义。

在商学 +哲学、艺术方面，魏江表示，哲学方面引入了王阳明心学，希望借此帮助学员学习"知行合一"的思想；艺术属于创作门类，如果企业家对此进行学习，有助于激发他们的创造能力；"接下来，我们还会和人文学院合作"。

3 EMBA **教学的未来模式**

向开放办学机构学习，是魏江提出的明确观点。"尽管这些新近涌现的商学机构目前还处于非主流、探索阶段，但他们的办学模式正在挑战传统商学院体系。"魏江认为，未来的 EMBA 教学必将是分布式、交互式、无边界的，招生是开放的，培养过程是开放的，办学主体是开放的，师资选拔是开放的，而"商学＋"将改变学院结构、学科结构和人才结构。为此，魏江提出了三大商学 EMBA 形态。

第一个形态，未来商学院是网络型的。商学院的各种教学资源、资金等要素，将通过整合全社会的力量而集聚，将由社会捐赠者、企业等投入资金，由来自政府、高校、科研机构、企业和其他社会组织的引领性人物参与商学教学，商学院＝管理学院＋经济学院＋社会学院＋人文学院＋工程学院＋……形成学科共融、共赢共生、协同发展的网络格局。

第二个形态，未来商学院是学生主导型的。教学不再是知识主导型，而是智慧启发式。数智时代下，学生获取信息、知识非常便捷，如果只讲基本概念、基本模型等这类在静态社会中所形成的管理知识，商学院就越来越没有存在的必要了，因为连机器都会深度学习了，何况是人！因此，未来商学教育，必须以学生为主导，教师的价值将转化为组织者、协同者和网络的中心节点。

第三个形态，未来商学院教师是人机共生型的。商学教师的职能将发生革命性变化，原来那种靠一本教案吃几年的"知识灌输型"教学模式将被彻底颠覆。商学教师职业会迎来革命性变革，包括教师的思维方式、认知理念、教学方式、课程体系、知识结构、培养流程、培养主体等。虽然，这种变革会遇到传统商学办学模式的强力抵抗，但只有时代的商学院，没有不变的商学院。

目前，浙江大学 EMBA 正积极朝着这三个方向努力。由浙江大学和阿里巴巴集团主办、淘宝大学和浙江大学管理学院承办的"预·见新零售"主题新年论坛，开启了商界与学术界一场关于新零售的大讨论。与阿里云共建"浙大管理学院—阿里云数字经济研究院"，双方合力将其建设成为"政、产、学、研、创"五位一体的数字经济领域的科创能力示范中心，及全国领先的集人才培养、科学研究与成果转化为一体的数字经济创新生态系统平台。

"淘宝大学这种对商学的新理念、新教学，就是我说的三大商学 EMBA 形态，通过和他们的合作，有助于调整、创新浙大 EMBA 现有教学模式。"魏江表示，传统商学院陷入了一个为研究而研究、为课题而课题的局面。这就需要由领先的、有责任担当的商学院来改变与引领，包括整个商学院的评价体系、考核体系、职称体系、教师聘岗体系、学生评价体系等等，如果没有变革，商学教育也将违背它的初衷。

附录 D

打造"商学+"教育生态系统，创新商科研究生交叉培养模式[1]

一、引言

中国商学教育的长足发展得益于对西方培养模式的学习借鉴，快速推进了中国商学教育与国际模式接轨。最近 10 多年来，中国商学院在高水平人才培养上开始探索自己的模式，并取得了显著成效，商学院教师的教学质量全面追赶西方学者，专业学位硕士生不再迷信美国的教育模式。新时代，一流商学院不但要与时俱进形成有自己特色、服务国家创新驱动发展的新培养体系，更应该探索出开放型研究生的培养模式，培养出具有国际影响力的商科研究生。

要建立与新时代高质量发展相适应的商科研究生培养模式，有三个

---

1 本文是我和谢小云牵头设计的国家优秀教学成果一等奖"构建'商学+'教育生态系统，打造全球嵌入型商科研究生培养模式"的主要内容。后来，《研究生与学位教育》《中国高等教育》等期刊希望我们提供总结报告，我便和陈超、刘洋、谢小云合作完成了论文。不过，至今没有正式发表。

具体且普遍的问题要解决。一是需要培养什么样的商科研究生。二是如何培养高质量的商科研究生。三是如何探索中国特色的国际化研究生培养模式。对这三个问题，国内领先的商学院一直在探索，它们不断修正目标定位，改革培养模式，创新教育管理机制，重构国际化培养体系，开始走出自己的新路。本文就以浙江大学基于"商学 +"教育生态系统，构建全球嵌入式、跨学科交叉融合培养模式为案例，探寻商科研究生培养新模式。

浙江大学管理学科研究生培养模式创新已历经近 20 年的探索，于 2017 年系统提出"商学 +"教育生态系统理念，从顶层设计、教学改革、系统优化等方面，探索全球嵌入式、跨学科交叉融合的商科研究生培养模式，培养一大批具有全球胜任力的高层次商科研究生人才，也为我国商学院提供了可学习、可复制的商学教育方案。该培养模式获 2022 年度国家级教学优秀成果一等奖，并在国内一批高水平商学院得到推广。以此为案例，本文首先分析了"商学 +"教育生态系统构建逻辑，其次分析了当前商科研究生国际化培养中存在的问题，进而阐述了全球嵌入式、跨学科交叉融合的商科研究生教育新模式，最后提出了应用该模式的具体举措，期望能为我国商科研究生培养模式改革提供参考。

二、商科研究生培养存在的典型问题

第一，商科研究生课程设置与百年未有之大变局下国家对高层次人才的要求不完全匹配。商科研究生培养的教学环节普遍是"在商言商"，课程体系是按照工业时代劳动分工开设的，导致培养环节和课程设置"支离破碎"。当前我们面临创新驱动发展、高质量发展和高水平对外开放的新格局，面对企业参与全球竞争时对创新型、领导型人才的迫切需求，过去以专业化人才培养为目的的办学模式已难以适应。学者 Carl Fey（2022）提出，中国传统商学院在课程上往往没有涵盖足够广泛的学科，无法助力中国企业应对当前复杂环境的挑战。现在，产业组织和生产方式已发生深层次变化，要跟上数字时代的发展步伐，商学院迫切需要对课程内容、培养方案进行改革，且发源于西方的培养模式在中国出现"水土不服"，亟需探索"以我为主、博采众长、融合提炼、自成一家"的培养体系。

第二，培养过程中学科边界过度分割、学科组织过度细分，导致跨学科协同培养难以系统实施。传统商科研究生教育项目多是建立在边界相对固化的学科基础上的，与全球性、综合性商业问题解决所需的多学科、多文化融合的人才要求相比明显错配。数字技术和新兴产业快速变化，催生了源源不断的商业模式变迁，呈现出许多复杂的管理场景，这些新场景仅靠狭义或单一的学科知识是无法解决的。而传统管理教学中，学科师资背景相对单一，难以满足培养跨学科人才的需要，难以承担跨学科领域的授课任务，难以开设与管理实践密切相关的创新型实践课程。在组织系统方面，基于"学校—院系—研究所"科层治理的项目运行机制在面对新兴交叉学科时，暴露出明显的局限性，如条块分割、资源分散、协同困难，难以形成学科交叉创新优势，不利于国际化创新型人才培养。

第三，国际合作项目存在"机会导向""被动参与"和"缺少主导权"等窘境。开放办学、多边合作是商科教育的全球性趋势。然而，我国的商科研究生国际合作项目存在以下常见问题。一是项目往往是机会驱动型的，等待海外高校提出合作意向，而非主动创造合作机会，常常出现"遇到哪个做哪个""哪个容易做哪个"的现象，项目零散化，关系被动化，国际合作深度和广度受到限制。二是缺乏顶层设计和整体规划。为国际化而国际化，将手段当成目的，可能导致合作关系不稳定、合作效率低下，无法达到预期的育人效果。三是合作形式相对单一。以学生交换、海外教师访问授课为主，国际合作与交流往往仅限于部分学者、部分学生，合作双方资源在培养环节的协同性不够。四是合作关系不平等。海外高校往往拥有更多资源和优势，不平等的关系和运行经验的缺乏，进一步削弱了我方在国际合作中的主导权和话语权。

第四，培养过程普遍由教学管理部门主导，专业教师在项目建设和课程开发过程中主体责任虚化。现行研究生培养过程中，教学管理机构往往扮演主导角色，由于行政人员缺乏一线教学和科研经验，制定的政策、提出的方案因出于对管理方便和流程规范等方面的考虑，缺乏前瞻性，教学管理固化，并且，从事教学工作的专业教师对项目整体运行的参与度不高。教师的育人作用发挥不足，导致学生对学科、学院、学校和职业的认同度和忠诚度普遍不强。由此带来的后果是，人才培养与科研工作之间未形成良性互动，教学和科研存在"两张皮"现象，科研成果和人才培养几乎没有多少实质性关系，学生普遍缺乏创新思维和科研主动性。因此，调动科研教师参与教学改革，是研究生教学改革的重中之重。

三、打造"商学+"教育生态系统，构建商科研究生交叉培养模式

针对以上四个问题，浙江大学管理学院持续打造"商学+"教育生态系统。该系统的内涵是以培养具备全球视野、创新能力、创业精神和社会责任的创新型、领导型人才为使命，发挥研究型、综合性大学的优势，以"管理理论+科技洞见+人文精神"为内涵重构教学体系，探索全球嵌入式商科研究生培养新模式。

该系统可概括为三个要点：一是高质量定位，即以培养具备全球视野、创新能力、创业精神和社会责任的创新型、领导型人才为目标。二是跨学科融合，即以"管理理论+科技洞见+人文精神"为生态体系的核心内涵。三是全球嵌入式，即以全球化意识、多元文化理解力和国际化素养为基本指向的人才画像。

这一培养模式实现了课程模块再造、专业体系重构、项目管理优化和教学组织重塑等四方面显著成果。一是实现了两个一级学科硕博学位层次、学术学位与专业学位的国际化全面覆盖，建立起跨学科、跨文化深度融合的课程体系。二是建立起"平台+项目"的专业建设和运作体系，形成以共享全球资源、赋能跨学科培养为主线的"全院—全校—全球"教育资源整合平台，培育以师资—课程—学生全球化为特色的专业建设与运作机制，实现平台与项目相互赋能的格局。三是探索出"多边协同、由我主导"的项目管理体系，建立起与国际认证组织和一流合作伙伴的深度嵌入机制。四是探索出"教学项目团队+课程团队+科教融合团队"三位一体的基层教学组织体系，组成科教融合团队负责新教学项目研发、

项目团队负责专业建设运行、课程团队负责课程开发的全流程体系，充分激发专业教师在全流程培养中的主体责任。

下图是该模式框架，包括人才培养的目标体系、内容体系、运行体系和保障体系四个层次九个子体系，以下对该模式及其实施体系做具体说明。

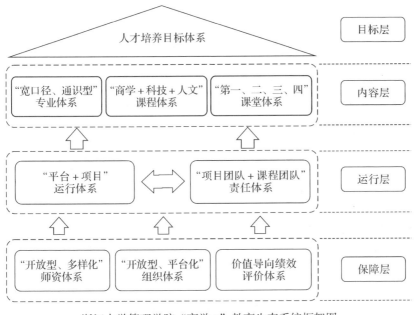

浙江大学管理学院"商学+"教育生态系统框架图

（一）打造"商学+"教育生态系统，形成"管理理论+科技洞见+人文精神"深度融合的培养模式

习近平总书记在清华大学考察时强调，要用好学科交叉融合的"催化剂"，加强基础学科培养能力，打破学科专业壁垒，对现有学科专业体系进行调整升级，瞄准科技前沿和关键领域，推进新工科、新医科、

新农科、新文科建设，加快培养紧缺人才。这为我们加快推进"商学+"教育生态系统建设提供了根本指导。"商学+"教育生态系统以培养具有国际化、整合化能力的创新型、领导型商科人才为导向，以"管理理论+科技洞见+人文精神"的跨学科融合为内核，实现课程模块再造、专业体系重构、项目管理优化和教学组织重塑，将工程技术、人文科学等不同学科整合到商业研究与教育中，形成全人培养的育人系统。

由于浙江大学学科门类齐全，管理学院有着学科交叉、开放办学的天然优势。浙江大学在商科研究生培养环节建立了实践导师队伍，把越来越多的校内兄弟学院学科所对应的产业领军企业引入课堂。如 MBA 教育推出了基于"商学+"的 BEST 计划（Business+ Engineering+ Science+ Technology，BEST），围绕智能制造、商务大数据应用、医疗健康、文化与旅游等产业和领域打造了学科交叉和开放办学的子项目。EMBA 项目推出了基于"商学+"的 M-STAR 课程体系，该课程体系将管理理论（Management）置于更大的知识网络中，这个知识网络包括自然科学、科技、艺术、哲学等，以培养学生的科学思维（Science）、技术洞见（Technology）、人文精神（Art & Humanities）、伦理责任（Responsibility）。再如，数智创新与管理学术博士项目，重点选拔具有理、工、农、医等学历背景的学生，培养具有现代化产业体系前瞻性认知的创新型领导人才，更好地服务中国式现代化建设。

为了响应国家创新驱动发展战略，引导商科研究生投身原创性、引领性科技攻关，学院在研究生教育中特别强调商学与科技同台。学院打造了《求是科技前沿与创新产业前瞻》这门"金课"，该课程邀请了10位理、工、农、医学科的院士为研究生授课，课程由中国科学院院士、浙江大学原校长杨卫教授领衔，学院党政主要负责人担任课程责任教授，课程内容聚焦相关产业的技术创新前沿及产业空间。杨卫院士于 2022 年 9 月 27 日在教育部首届卓越工程师培养高峰论坛上向全国分享了"商学+"课程设计理念和教学案例。目前，学院共组建 18 个跨学科课程团队，特设 5 个实践教授岗、双聘 18 位跨学科教师、兼聘 30 位全球师资和 60 多位实践专家开设交叉课程，协同开发 131 门深度融合的全英文课程。

（二）建立"平台＋项目"运行体系，构建"全院—全校—全球"开放平台，赋能项目国际化发展

学院全力构建"全院—全校—全球"教育资源平台，学院统筹教育资源、连接全校理工人文学科、布局全球化项目，打造分布式、交互式、无边界商学院，实现平台为项目国际化赋能。例如，联合全球新兴经济体商学院联盟发起共建"一带一路"10 国顶尖商学院教育网络，赋能两年制全英文学术学位硕士项目——创新、创业与全球领导力国际硕士项目（Program in Innovation, Entrepreneurship and Global Leadership，PIEGL），实现 100% 生源国际化。商务数据分析与创新全英文国际硕士项目（Business Analytics and Innovation，BAI）嵌入国际硕士联合培养网络，实现 100% 学生国际培养。构筑全球合作平台，赋能 100% 博士生国际联合培养。全球创业管理硕士项目（Global Entrepreneurship Program，GEP）、全球制造与供应链管理硕士项目（Global Manufacturing and Supply Chain Management，GMSCM）、全日制 MBA 等三个专业学位硕士项目均为国际联合培养或可授予海外学位。

在浙江大学商科研究生的培养过程中，特别强调并推进平台化培养。如管理学院坚持开放办学，提出构建"开放型、平台化"组织体系是连接管理研究与管理实践的需要，是联结学术研究和人才培养的需要，是打造人才培养特色的需要。为此，学院实现了三个层次的开放。一是对校内兄弟学院开放，与能源学院、计算机学院、医学院推进学科交叉融合，联合指导和培养学生，联系开展技术创新和产业化研究。二是对外部机构开放，与吉利集团等一流企业加强产教融合，建设背景多元、业务精良、教学优秀的开放型、多样化师资队伍，打造与管理实践紧密结合、科教融合的教学体系。三是对国际开放，出台国际化发展规划，推进"3+N"国际合作伙伴计划，即搭建与麻省理工、斯坦福和剑桥三所顶尖大学和 N 个全球一流商学院战略合作伙伴关系，同时，借助国际化"浙商"的力量，推进"与一流企业同行"计划，搭建国际化企业家理事会，与一流企业联合申报产教协同育人项目，建设国际化校外实践教育基地和研究生联合培养基地。

在组织系统层面，改变原来的运行模式，以"功能综合、交叉嵌入"为基本思路，打破学科、学系和专业的传统边界，建立跨学科、跨学系、柔性动态调整的项目团队，打造"平台＋项目"运行体系。学院行政中心作为平台，涵盖学生工作、教育教学、发展联络、人力资源、国际合作、品牌宣传和行政后勤等功能，服务和支撑学院目前 22 个教学项目（其中，本科 4 个、硕士 2 个、博士 6 个、MBA7 个、EMBA3 个）。"平台＋项目"运行体系有利于统筹协调学校及学院资源，有利于在面对多样性人才培养时保持敏捷性。例如，PIEGL 项目通过"项目主任＋行政主任＋德育导师"的三人团队能快速调动教学、校友、国际合作、企业和行政等各方资源，服务来自 20 多个国家和地区的学生。"项目靠着平台干，平台围着项目转"，保证项目的高质量运行和可持续发展。

（三）建立"多边协同、由我主导"的项目管理机制

浙江大学商科研究生培养体系探索"多边协同、由我主导"的项目管理机制，建立与国际认证组织和一流合作伙伴的深度嵌入机制，确保我方在教学项目管理中的主动权。开设医疗健康、科技创新、智能制造等"商学+"硕士项目和数智创新与管理博士项目，携手一流合作伙伴或联盟，打通从招生到出口全流程全球化嵌入。例如，与加拿大麦吉尔大学合作创办 GMSCM 双学位项目、EMBA 双学位项目，与香港理工大学、香港城市大学、新加坡国立大学等合作博士双学位项目和教学项目，并联合英国工商管理硕士协会（The Association of MBA，AMBA）创办"国际丝路创业教育联盟"，在 14 国创建 20 个合作示范平台。这些项目都按照"多边协同、由我主导"的原则运行。所有教学项目均参照国际认证体系标准，共建共享师资库，选拔优质生源，联合制定培养方案，确保项目全球化培养的高起点、高标准、高品质。

（四）建立"教学项目团队+课程团队+科研团队"三位一体基层教育教学科研组织体系

教育、科技、人才是建设中国式现代化的基础性、战略性支撑。之前教育、科研和人才是相对独立的，如今要"一体统筹推进"，教育是三者融汇的核心所在，也是高等教育机构面临的新挑战。教育、科技和人才一体统筹可以形成赋能高质量发展的倍增效应。为了实现教育、科技和人才的内在一致性，就需要解决教育教学和科研"两张皮"的问题，管理学院建立了"教学项目团队+课程团队+科研团队"三位一体的

组织体系，通过三个团队联动，让教师不断将研究成果转化到教学中去，培养学生多元复合的思维方式，构建起可持续、健康的教育生态，打造与时俱进的教学项目和课程体系。

具体地，学院设立了 13 个跨学科教学项目团队，实行项目主任制，项目团队负责项目设计和培养方案设计，负责从招生到出口的全流程，包括培养目标、课程体系、教学环节和毕业论文等；设立了 18 个多学科融合的课程团队，不同程度地吸收融合兄弟院系的教师资源，负责课程体系设计、课程模块研发、授课师资配置；聚焦国际学科前沿和国家重大需求，坚持交叉融合，设立了战略型学科团队—交叉型特色团队—紫金小微团队三层次科研创新团队，组建国际化、跨组织、跨学科团队，推动有组织科研，以多学科交叉融合的学术研究解决新的管理问题，开展顶天立地的高水平研究。目前共有 3 支战略型学科团队、6 支交叉型特色团队和若干紫金小微团队，负责开展前沿的科学研究和重大攻关项目，促进教学与实践互动，落实科教融合培养；依托全国党建工作标杆院系党委、学系党支部和"双带头人"样板支部，全面落实课程思政与科研思政。

三位一体组织体系保障了办学项目有科学研究和人才队伍的深度融合，以国内首个面向健康产业的 MBA 项目——浙江大学医疗健康产业 MBA 为例，项目坚持"面向人民生命健康"原则，学院支持数字化医疗健康管理学科方向建设，引育了一支以医疗健康管理为研究场景的中青年优秀人才队伍，创新开设了医疗健康产业 MBA 项目，充分整合浙江大学医学院、附属医院等学科资源优势，进行了一系列学科交叉研究，并将研究成果转化输出到课堂，实现教学项目团队、课程团队和研究团队一体统筹、一体发展。

面向"数字中国"战略，学院倾力打造"数智创新与管理"学科，吸引和集聚了一大批从事数智管理实践的优秀人才，近几年承担了近 20 项围绕该主题的国家重大重点项目。基于这些科研创新，学院开设了智能财务方向会计专业学位硕士、数智创新与管理全日制 MBA、商务大数据应用 MBA、数智创新与管理学术学位博士项目，与建筑工程学院、机械工程学院共同开设数智创新与管理工程博士项目，切实做好教育、科技、人才一体布局和统筹推进。

为了保证项目团队、课程团队的建设聚焦学院战略导向，学院在管理体系上优化了学院教学指导委员会架构与运行机制，增加了实践型管理专家加盟，确保项目培养方向与管理实践紧密衔接。学院针对三个团队还专门出台了支持政策、评价制度和激励制度，有效落实主体责任制。

得益于三位一体组织体系，在构建"商学 +"教育生态系统的过程中，打造出与管理实践紧密结合、科教融合的教学体系。学院鼓励教师在课程设计中紧密结合最新管理实践与前沿管理研究，在课堂教学与对学生辅导中注重对实践案例与科研成果的运用，让学生掌握理论知识的同时，培养其批判性思维与创新性思维，以更好地解决管理现实难题。

四、全球嵌入式、跨学科融合商科研究生培养模式

全球嵌入式商科研究生培养模式的探索经历了三个阶段。第一阶段是双边交互型合作模式（2005—2009 年），选派学生，通过长学期或暑期交换方式，与国际知名高校合作培养。第二阶段是多边融合型协同

模式（2010—2015年），与国际一流伙伴联手打造顶尖项目，如GEP项目首创中—美—欧三方共同设计、共同授课、多边可授学位的培养模式。第三阶段是全球嵌入式生态模式（2016年至今），打造"商学+"教育生态系统，构建国际项目全面覆盖、跨学科课程融合开发、培养环节全球布局、项目管理"多边协同、由我主导"的全球嵌入式培养模式。

这一培养模式实现了课程模块再造、专业体系重构、项目管理优化和教学组织重塑等四个方面的显著成果。一是实现了两个一级学科硕博学位层次、学术学位与专业学位的国际化全面覆盖，建立起跨学科、跨文化深度融合的课程体系。二是建立起"平台+项目"的专业建设和运作体系，形成以共享全球资源、赋能跨学科培养为主线的"全院—全校—全球"教育资源整合平台，培育以"师资—课程—学生"全球化为特色的专业建设与运作机制，实现平台与项目相互赋能的格局。三是探索出"多边协同、由我主导"的项目管理体系，建立起与国际认证组织和一流合作伙伴的深度嵌入机制。四是探索出"教学项目团队+课程团队+科研团队"三位一体的基层教育教学科研组织体系，充分激发专业教师在全流程培养中的主体责任。具体地，全球嵌入式商科研究生培养模式取得了以下育人成果。

（一）培养了一批具有全球领导力和创新力的优秀商科人才

近10年来培养的学生国际化就业层次明显提升。200多位毕业生入职微软、思科、麦肯锡、华为等全球著名企业，300多位毕业生在国内外开展科技型创业，83位毕业生成为上市公司实控人。2015—2021年，10位博士毕业生前往明尼苏达大学、鹿特丹大学、明斯特大学、悉尼科技大学等国际一流商学院任职。4位研究生到世界粮农组织、世界银行等国际组织任职。

（二）培养了一批知华、友华、爱华，扎根中国创新创业的国际学生

培养出 500 多位知华、友华、爱华的留学生，其中，53 位扎根中国创业，成为向世界真实、立体展现中国的"民间使者"。

（三）全球嵌入式教育模式产生卓著的国际声誉

全球嵌入式商科研究生培养模式以其先进的育人理念和独特的教育方式，在国际上引起了广泛关注，产生了积极影响，是"提高我国教育综合实力和国际影响力"的具体行动。2019 年 EQUIS[1] 认证浙江大学"商学＋"教育生态系统有效地促进了跨学科、整合型人才培养。2020 年 AACSB[2] 认证浙江大学"商学＋"教育生态系统是有效推动跨学科教育的重要模式。2022 年 AMBA 认证使浙江大学创建的"商学＋"教育生态系统成为跨学科教育的核心能力。

（四）"商学＋"教育生态系统理论成果在国际国内发表

2020 年，专著《"商学＋"教育生态系统：商学教育"浙大方案"》出版，并产生广泛影响。国际著名学术期刊 *Management and Organization Review* 对浙江大学"商学＋"教育生态系统专门发文重点推广，认为这是激发中国商学院未来发展潜力的关键所在。相关成果还在《中国大学教育》《科技管理研究》《高等教育评论》等刊物上发表。

1　EQUIS，European Quality Improvement System，即欧洲质量改进体系。

2　AACSB，The Association to Advance Collegiate Schools of Business，是全球最大的商科教育联盟，其认证被认为是全球商学院教育质量的最高标准之一。

（五）人才培养模式和运行体系在国内高校产生重要示范作用

《中国教育报》指出，"商学＋"教育生态系统为中国管理理论研究和商学教育实践提供了"浙大方案"。高水平推进高等教育对外开放是"推动中国教育走向世界，培养具有国际竞争力的人才，提高我国教育综合实力和国际影响力，向世界贡献中国智慧、中国方案"的战略举措。浙江大学管理学院建构起的基于"商学＋"教育生态系统的全球嵌入式、跨学科融合商科研究生培养模式，及时响应了新时代教育高质量发展的要求，不但培养出一大批高质量的复合型商科人才，更是强化了国际化人才培养的自主性，建立起"以我为主、博采众长、兼收并蓄"的国际化研究生培养模式，为我国高水平大学商科人才培养提供了借鉴，也为世界商学教育变革提供了"中国示范"。